Gabriella Baumann-von Arx

Madame Lotti

Im Slum von Abidjan zählt nur die Liebe

WÖRTERSEH

Alle im Buch verwendeten Fotos stammen von der Autorin.

Fotos:
Umschlag vorne: Lotti mit Emanuel
Umschlag hinten: Der «Sonnenschein» von Seite 54
Klappe vorne: Lotti bei Émilie
Klappe hinten: Die Autorin mit Emanuel (© Reto Brennwald)

2. Auflage 2004

Lektorat: Claudia Bislin, Zürich
Korrektorat: Andrea Leuthold, Zürich
Umschlaggestaltung: Thomas Jarzina, Köln
Karte: Edith Huwiler, Zürich
Typografisches Konzept, Gestaltung und herstellerische Betreuung: Rolf Schöner, Aarau

ISBN 3-033-00245-5

www.woerterseh.ch

Für Lotti, Monsieur Konaté, Arlette,
Adelaide, Ouattara und all die andern

Die Familie

Aziz, Lottis Mann
Selim, Lottis Sohn (1979)
Sonia, Lottis Tochter (1981)
Sarah, Lottis Jüngste (1989)

Die Mitarbeiter

Dr. Ableauble Yao, Arzt
Adelaide, Breimutter
Arlette, Ersatzmutter
César, unterstützt Lotti im Slum von Vridi-Canal
Félix, Ange, YaYa und **Jean-Baptiste**, Pfleger
Hortense, Köchin
Julien, Laborant
Monsieur David, Apotheker
Monsieur Konaté und **Monsieur Koné,** Nachtwache
Ouattara, Nachtwächter
Pierre, Buchhalter
Solange, Kindermädchen
Véronique, Schwesternhilfe

Die Menschen im Spital

Alphonse, 43
Émilie, 38
Fatoumata, 35
Felix, der blinde Nigerianer, 61
Frank, 43
Geneviève, 27, mit ihrer zweimonatigen Tochter **Maeve**
Mamadou, 20
Marcel, 27
Robert, 33
Thérèse, 32

Die Kinder im Spital

Aimé, 17
Alimata, 15
Antoine, sieben Monate
Bouba, 13
Christ, 4
Dieu-Donné, 9
Emanuel, 3
Mohamed, 2
Noël, 17
Osé, 4, und **Hermas,** 2 (Arlettes Kinder)
Willy, 4
Yusuf, 9

Das Ambulatorium

Das Centre Espoir öffnete am 1. Februar 1999 sein orangefarbenes Tor. Bis Ende August 2004 erfolgten gut 150 000 Konsultationen.

Das Spital

Das Centre Espoir d'Eux feierte seine Eröffnung am 2. September 2002. Bis Ende August 2004 wurden 680 Patienten behandelt, 360 von ihnen starben.

Das Mütter- und Kinderheim

Das Centre Espoir Trois wird seine Eröffnung, falls alles klappt, im Dezember 2004 feiern. Zehn Mütter mit ihren eigenen Kindern und zwanzig Waisen werden dort ein Heim finden.

Lotti Latrous schafft mit diesen drei Zentren 35 Arbeitsplätze.

Die Elfenbeinküste (Côte d'Ivoire). Yamoussoukro ist die Hauptstadt, Abidjan die Wirtschaftsmetropole.

Inhalt

Vorwort

«Lotti, La Blanche», mein erstes Buch über die Arbeit und das Leben von Lotti Latrous, das im Werd Verlag erschienen ist, hat unzählige wunderbare Reaktionen und die «Stiftung Lotti Latrous» hervorgerufen. Eigentlich hätte ich mich nun einem anderen Projekt widmen können. Aber die Nachfragen, wie es Lotti geht, was der blinde Felix macht, ob der kleine Emanuel gesund geworden ist, wollten nicht aufhören. Irgendwann war klar, dass die Leserinnen und Leser mehr über Lotti Latrous' Philosophie und das Leben im Slum von Adjouffou erfahren wollten, mehr auch über Aziz, Lottis Ehemann. Dies war mir Anlass genug, Lotti, den blinden Felix und den kleinen Emanuel wieder zu besuchen und – last, not least – Aziz, Lottis Mann, kennen zu lernen.
Ich verdanke es also einzig und allein meinen Leserinnen und Lesern, dass es dieses Buch gibt und ich es den Menschen widmen kann, die im Namen der Menschlichkeit jeden Tag Unermessliches leisten.

Gabriella Baumann-von Arx

Tagebuch eines Wiedersehens

Freitag, 5. März 2004

Kurz nach zwei Uhr nachmittags erreicht mich über den Wolken eine Durchsage, die mich zutiefst beunruhigt: «Meine Damen und Herren, es tut mir Leid, aber wir werden nach Paris zurückkehren. Das Wetter in Abidjan ist so schlecht, dass ein Weiterflug keinen Sinn hat. Um unser Landegewicht zu erreichen, müssen wir Kerosin ablassen. Wenn Sie zum Fenster hinausschauen, sehen Sie dieses als weissen Strahl aus dem Flügel schiessen. Wir bitten Sie um Verständnis. Danke.»

Wie bitte? Zurückkehren? Nach einer halben Stunde Flug? Wegen schlechten Wetters in Abidjan, das noch mehr als fünf Stunden entfernt ist? Nie im Leben! Ich weiss sofort, der Kapitän sagt nicht die Wahrheit, bin überzeugt, die Boeing 777-200 wird vom Himmel stürzen. Und dies in Kürze. Die nackte Angst schleicht sich von meinem Rücken her in meinen Bauch. Verknotet sich im Magen. Wird Kälte. Kälte, die langsam, aber stetig Richtung Herz und von dort über die Halswirbel zum Kopf kriecht, wo sie über mein Gehirn zur Schädeldecke hochschleicht und sich unter den Haarwurzeln festkrallt. Beine und Füsse sind gefühllos.

Draussen vor dem Fenster schiesst ein Strahl Kerosin in einer messerscharfen weissen Linie in den blauen Himmel, zerschneidet diesen in ein Unten und Oben. Vorher und Nachher. Dunkel und Hell. Himmel und Hölle. Leben und Sterben. Jetzt? Wenn mir ein letzter Wunsch in Erfüllung gehen könnte, dann dieser: dass meine Liebsten mich nicht für meinen Tod verantwortlich machen. Hinterbliebene stellen oft ähnliche Fragen: Warum musste sie auch dort hinfliegen? Warum musste er auch so viel rauchen? Warum konnte er nicht aufs Motorradfahren verzichten? Fragen, die – oft unausgesprochen – in einen einzigen Satz münden: «Das musste ja so kommen!» Muss es nicht! Es kommt einfach, wenn es kommt. Man kann auch im Zug verunglücken. Auch ein Nichtraucher stirbt an Krebs. Auch Autofahrer und Fussgänger verunfallen. Der Tod gehört zum Leben. Und – die Stunde des Gehens ist schon in der Stunde des Kommens definiert. Wenn es Zeit ist, ist es Zeit.

So zumindest hat es Lotti immer gesagt, als ich sie im Juni 2003 persönlich kennen lernte. Ich landete an einem Freitag, dem dreizehnten, zum ersten Mal in Abidjan, der Wirtschaftsmetropole der Elfenbeinküste, in Westafrika. Noch ahnte ich nicht, wie diese Reise mein Leben beeinflussen würde.

Kurz bevor ich damals den Flug nach Hause antrat, löste ein grosser afrikanischer Junge, gut gekleidet, mit weiten kurzen Hosen, einem blütenweissen Polo-Shirt und einer Baseballmütze, in der Abflughalle des Flughafens von Abidjan die ganze Verzweiflung aus, die sich in den Tagen davor aufgestaut hatte. Das heisst, eigentlich war nicht er es, sondern seine Sportschuhe, die mir die Tränen in die Augen trieben. Nikes, hoch und weiss und nigelnagelneu. Mir wurde schmerzlich bewusst, dass die Füsse des kleinen Emanuel, falls er überlebte, was damals mehr als fraglich war, nie in nigelnagelneuen Schuhen stecken würden.

Vier Tage später erschütterte mich, in der Innenstadt von Zürich, ein mit Blaulicht und eingeschaltetem Martinshorn vorbeirasendes Krankenauto. Oder vielmehr die Tatsache, dass die Welt bei uns – um ein Menschenleben zu retten – für ein paar Sekunden stillsteht. Autos halten bei Grün, fahren zur Seite, machen Platz. Strassenbahnen bleiben, wo sie sind. Fussgänger halten inne.

Afrika hat mich gelehrt, dass es auf dieser Welt Menschen gibt, die nie auf ein Krankenauto hoffen können, das sie – mit Blaulicht und Sirenengeheul – in ein hochmodernes Krankenhaus bringt. In Schwarzafrika, so wird der Teil des afrikanischen Kontinents genannt, der sich südlich der Sahara befindet, kann man noch so schwer verletzt oder sterbenskrank in einem Strassengraben oder vor einem

Nachtclub liegen, kann man ein noch so kleines Kind sein, Hilfe zu bekommen, ist ganz einfach unerschwinglich.

Meine Erlebnisse in Adjouffou beeinflussen mein Leben insofern, als ich versuche, den Moment zu leben. Nicht das Morgen, nicht das Gestern. Auch nicht das Heute. Es ist das Jetzt. Ich hatte gelernt, dass Zufriedenheit wieder und wieder aus der Fähigkeit geboren wird, den Augenblick zu erfassen. Die Blume am Wegrand zu sehen, den Vogel im Baum, das lachende Kind. Die Zartheit einer Berührung wahrzunehmen, die wunderbare Frische eines tiefen Schlucks aus einer Bergquelle, die wärmende Sonne auf nackter Haut. Das Prasseln des Regens zu hören, die Musik eines im Wind wogenden Weizenfeldes, die absolute Stille, die uns manchmal, für Sekundenbruchteile, umgeben kann.

Mit Lotti hatte ich – als sie zur Lancierung des ersten Buches in die Schweiz kam – wunderbare solche Momente. Augenblicke, die uns zu Freundinnen machten. Als ich ihr beim Abschied sagte, ich würde bestimmt wieder kommen, irgendwann, meinte sie: «Irgendwann? Was ist mit dem Moment? Komm bald!»

Und so fliege ich heute – bereits zum dritten Mal – von Paris nach Abidjan. In Gedanken spaziere ich vom Ambulatorium «Centre Espoir Un», in welchem in ausrangierten Schiffscontainern Woche für Woche Hunderte von Menschen gegen Malaria, Tuberkulose, chronischen Durchfall und all die vielen anderen Krankheiten Afrikas behandelt werden, zum Sterbespital hinunter. Zum «Centre Espoir d'Eux», zum zweiten Zentrum der Hoffnung, bei dessen Namen Lotti sich ein Wortspiel erlaubte. Das französische «deux» für zwei bedeutet, wenn man es «d'Eux» schreibt, «für sie». Für sie, die Aidskranken.

Viele dieser Patienten können dort von Lotti und ihren Mitarbeitern, die Unermessliches leisten, aufgepäppelt werden und wieder nach Hause gehen. Es ist allerdings bloss eine Frage der Zeit, bis sie abermals vor dem Tor stehen. Völlig entkräftet, weil ihnen zu Hause das proteinreiche Essen fehlt, das sie bei Lotti bekommen.

Das Ambulatorium eröffnete Lotti Latrous am 1. Februar 1999 mit Unterstützung ihres Mannes Aziz, der ihr beim Aufbau eine unendlich grosse Hilfe war und der damals für Nestlé Abidjan die Direktorenstelle innehatte. Knappe vier Jahre später, am 2. September 2002, eröffnete Lotti Latrous das Sterbespital. Bald wird sie ihr drittes Projekt der Hoffnung, «Centre Espoir Trois», verwirklichen, das Mütter- und Kinderheim.

Eine Erfolgsstory sondergleichen, wenn man bedenkt, mit wie wenig Mitteln Lotti all dies aus dem Boden stampfte. Aber jede Geschichte hat zwei Seiten.

Niemand hatte bei der Eröffnung des Ambulatoriums im Februar 1999 geahnt, dass Aziz von seiner Firma exakt in diesem Monat Bescheid bekommen würde, dass man ihn in Kairo brauchte. Und niemand konnte auch nur ansatzweise ermessen, was dies für die Familie Latrous mit ihren drei Kindern bedeuten würde. Lotti, die in Abidjan anfänglich alles andere als glücklich gewesen war und immer davon geträumt, oft darum gebeten hatte, Nestlé möge Aziz zurück nach Kairo holen, wo er vor Abidjan gearbeitet hatte, Lotti erkannte schnell, dass es zu einer Zerreissprobe kommen würde. Dass sie sich schliesslich – nach langem, zähem Kampf mit sich selbst – dazu entschloss, nicht der Familie zu folgen, sondern im Slum von Adjouffou zu bleiben, war in erster Linie das Verdienst ihres Mannes. Er, Aziz Latrous, liebt seine Frau so sehr, dass er sie ziehen liess. Er war es, der die Kinder davon überzeugte, dass ihre Mutter nicht die Familie verlassen, sondern einer Berufung nachgehen wollte. Er war es, der die Familie zusammenhielt. Das erzählte mir Lotti. Als ich sie damals fragte: «Lotti, hättest du etwas dagegen, wenn ich Aziz in Kairo besuche, ihn näher kennen lernen und mir seine Seite der gemeinsamen Geschichte anhören würde?», war die Antwort: «Das entscheidet er allein – frag ihn.»

Ich lehne mich in meinem Sitz zurück und denke an das, was kommt: eine gute Woche Adjouffou, eine Woche mit Emanuel, dem Kleinen, dessen Mutter bei Lotti gestorben ist. Eine Woche mit Adelaide, der Breimutter, die Witwe ist und die mit dem Geld, das sie bei Lotti verdient, ihre sieben Kinder durchbringt. Eine Woche mit Monsieur Konaté, der weder schreiben noch lesen kann und Nacht für Nacht einen Job macht, der weit grössere Bewunderung verdient als der eines Hochschulabsolventen. Alle werde ich wieder sehen. Die Pfleger, die Putzmannschaft, die Kinder und Felix, den blinden Nigerianer.

Der heranrollende Aperitif-Trolley holt mich zurück. Zum Dosenbier gibts kleine Salzbretzeln und ein breites Grinsen vom Stewart. Schöne, heile Welt. In Afrika ist sie dies nicht. In Schwarzafrika leben zwei Drittel aller weltweit an Aids Infizierten, das sind gegen dreissig Millionen Menschen. Eine Zahl, die umso erschreckender ist, wenn man weiss, dass südlich der Sahara nur gerade knapp über zehn Prozent der Weltbevölkerung leben. Nach Schätzungen der Uno sterben in dieser Region täglich sechstausend Menschen an Aids.

«Meine Damen und Herren, es tut mir Leid ...», die Durchsage des Kapitäns lässt mich rausschauen, der Kerosinstrahl schiesst aus dem Flügel. Unglaublich, was für Mengen dort Platz haben! Eine halbe Stunde später landen wir im Pariser Flughafen «Charles de Gaulle».

Das Aufatmen in der Kabine ist ein einziger kollektiver Seufzer der Erleichterung. Man streckt sich, man lacht, man plappert drauflos. Als ich das Flugzeug verlassen habe, rufe ich Lotti an, die dem Piloten einen Persilschein ausstellt. Es sei tatsächlich so, Abidjan werde von einem grauenvollen Sandsturm heimgesucht. Alles, was nicht niet- und nagelfest sei, fliege ihr um die Ohren, und ich wisse ja, wie niet- und nagelfest der Slum gebaut sei. Sie sei froh, dass ich zurück in Paris und nicht im Anflug sei.

Ich gehe in das mir zugeteilte Hotel, das sich in Flughafennähe befindet. In der einen Hand die Reise-, in der anderen die Handtasche. Vor mir steht ein Ehepaar, das sich um fünf Koffer, vier inzwischen garantiert hungrige Kinder und – als wäre dies nicht schon genug – auch noch um einen jungen schwarzen Labrador kümmern muss. Der Welpe ist der Einzige, der die ganze Sache offensichtlich sehr aufregend findet, alles und jeden beschnuppert und auf seinen übergrossen Pfoten herumtappt, als hätte er zu tief ins Weinglas geguckt. Im ständigen Tauziehen mit seiner königsblauen Leine scheint er eine seiner Lieblingsbeschäftigungen zu sehen.

Im Hotelzimmer realisiere ich, wie sehr ich nach dem Take-off mit meinen Gedanken schon in Abidjan war. Es will mir fast nicht gelingen, meinen Kopf nach Paris zurückzuholen.

Samstag, 6. März

Es ist fünf Uhr morgens, in Adjouffou Zeit für den Muezzin, die Moslems des Slums zum Gebet aufzurufen. Es ist viel zu früh, um aufzustehen, aber die schrillen Geräusche des anbrechenden Tages in diesem seelenlosen Hotel im nasskalten Paris lassen mich keinen Schlaf mehr finden. Sie rufen die Sehnsucht nach der warmen Akustik des Slums wach. Um sieben bin ich unten im Frühstücksraum. Der Kaffee ist mindestens ebenso fürchterlich wie der gefriergetrocknete in Adjouffou, der dort – je zur Hälfte – in heissem Wasser und süsser Kondensmilch aufgelöst wird. Das Brot ist mindestens ebenso matschig wie meine Stimmung. Und die Butter steinhart.

Absurd! Gestern glaubte ich abzustürzen, und heute nerve ich mich schon wieder. Darüber, dass ich nicht dort bin, wo ich sein möchte. Darüber, dass der Kaffee nicht gut, die Butter steinhart und das Brot matschig ist.

Auf dem Flughafen heisst es warten, warten, warten. Als ich die Familie mit den vier Kindern, den fünf Koffern und dem jungen Labrador in das Gebäude treten sehe, staune ich kein bisschen über die erschöpften Gesichter von Mutter und Vater. Eine halbe Stunde später öffnet der Schalter, vier Stunden später boarden wir. Diesmal nicht eine Boeing 777-200, sondern einen bis auf den letzten Platz besetzten Jumbojet.

Der Flug verläuft ruhig. Als wir in Abidjan landen, wird ersichtlich, wer Passagier von gestern und wer einer von heute ist. Die von gestern klatschen, klopfen sich auf die Schultern oder umarmen sich. Die von heute tun dies alles nicht. Ein Satz füllt langsam, aber sicher, als würde ein Dominostein den nächsten umwerfen, die ganze Kabine: «On est chez nous!» Wir sind bei uns.

«Bei uns», das ist Afrika. «Bei uns», das ist Heimat. «Bei uns», das ist aber auch erneutes Schlangestehen bei den sich endlos in die Länge ziehenden Passformalitäten. «Bei uns», das ist ein einstündiges Warten auf die Koffer, weil alle drei Gepäckförderbänder ausgefallen sind. «Bei uns», das ist – da offenbar auch die Klimaanlage ihren Geist aufgegeben hat – tropisch feuchte Hitze. Nun, wenigstens gibt es «bei uns» Licht. Der Einzige, der die ganze Sache nach wie vor höchst interessant und geradezu belebend findet, ist der schwarze Labradorwelpe.

Erschöpft, aber sehr glücklich, endlich «bei uns» zu sein, trete ich durch die Tür in die Empfangshalle, sehe Lotti sofort. Weisser Kittel, blaue Jeans, braune Turnschuhe, blonde Haare, die ihr in die Stirn fallen. Wir lächeln, gehen aufeinander zu, und während der nächsten paar Schritte muss ich an eine kleine Episode denken, als Lotti für Signierungen und Interviews in der Schweiz war. Sie brauchte einen neuen Koffer. Wir gingen in ein Einkaufszentrum und dort mit der Rolltreppe in den ersten Stock. Oben angekommen, hielt uns eine Frau mit den Worten auf: «Ich kenne Sie, Sie sind Lotti, ‹La Blanche›, ich habe Ihr Buch gelesen.»

«Schön», entgegnete Lotti, «und da neben mir steht die Autorin.»

«Hm», sagte die ältere Frau, würdigte mich keines Blickes: «Ich habe Sie auch im Fernsehen gesehen und habe mir gewünscht, Sie mal zu treffen, damit ich Ihnen sagen kann, was für eine tolle Frisur Sie haben.»

Wir hatten auf unserer Tour durch die Schweiz viel Schönes gehört, von «Sie sind für mich der Engel dieser Weihnachtszeit» über «Ich bewundere Sie aus tiefstem Herzen» bis hin zu «Ich möchte Ihnen Danke sagen, einfach ganz fest Danke sagen», alles. Noch nie aber hatte jemand Lottis Haare bewundert.

Zur Begrüssung umarmen wir uns, schauen uns an, lachen. Lotti meint: «Hat zwar gedauert, aber schön, bist du jetzt da.» Wir gehen über den grossen Parkplatz zum Kassier, der die Parkgebühren einzieht, warten dort abermals eine Viertelstunde, und endlich sitze ich in Lottis Geländewagen, geniesse ihren afrikanischen Fahrstil und die Lichter der Feuer, die an uns vorüberziehen.

Inzwischen kenne ich den Weg. Rauf zur Hauptstrasse, dann links. Hupen statt bremsen und knappe zehn Minuten später wieder links auf die Holterdiepolter-Sandstrasse von Adjouffou.

Die Schlaglöcher sind seit meinem letzten Besuch noch tiefer geworden, ich hüpfe auf dem Beifahrersitz auf und ab wie ein Gummiball auf einer frisch geteerten Strasse. Ich weiss, dass es nur noch knappe fünf Minuten dauert, bis wir im Ambulatorium ankommen, und dass es von dort noch drei Minuten zum Sterbespital sind.

Da ich die Distanz kenne, kann ich die Schüttelei vergessen und mich auf das Wesentliche konzentrieren: die Marktstände, auf denen ein paar wenige Orangen zu einer Pyramide aufgebaut wurden und unter denen Babys, in Tücher eingewickelt, auf dem Sand schlafen. Die Kinder, die, meist nur mit einer zerlumpten kurzen Hose bekleidet, neben dem Auto herlaufen, unablässig winken und laut «Lotti, Lotti, Lotti» oder «La Blanche, La Blanche» rufen. Etwas, das auch ich die nächsten Tage wieder zu hören bekommen werde. Die Musik, die aus einem Bretterverschlag plärrt und diesen als Restaurant ausweist. Die ausrangierten Tischfussballkasten, die, vor sich hin rostend, manchem, der keine Arbeit findet, die Zeit verkürzen. Das Licht, das von den wenigen Glühlampen kommt, das einzige, das den Slum erhellt. Das Geplapper der Frauen, die in Gruppen herumstehen. Das Rufen der Männer, die vor einem Fernseher, der von einem wummernden Generator mit Strom versorgt wird, ein Fussballspiel verfolgen.

Als wir beim Ambulatorium ankommen, fragt Lotti, ob ich noch ins Sterbespital fahren wolle. Ich sehe ihr an, wie müde sie ist, und behaupte, ich würde lieber gleich ins Bett fallen.

Lotti hupt vor dem orange gestrichenen Tor, wartet, bis Ouattara, der Nachtwächter, öffnet. Ich steige schon mal aus, um ihm dabei zu helfen. Als er mich sieht, strahlt er übers ganze Gesicht, umarmt mich etwas schüchtern und wünscht mir «Bonne arrivée», ein «gutes

Ankommen». Er lässt Lotti reinfahren, hilft mir, die Reisetasche über diese unendlich steile Treppe, die schon das letzte Mal bedenklich locker in ihrer Verankerung lag, in den oberen Stock zu tragen, verabschiedet sich, geht wieder runter, schliesst das Tor. Wünscht Lotti eine gute Nacht.

Kaum hat Lotti den Lichtschalter des Gästezimmers gedrückt, entfährt mir ein gellender Schrei. Eine Kakerlake! Gross – ich übertreibe nicht –, gross wie meine Handfläche und mit ihren langen durchsichtigen Flügeln, unter denen ein immenser Körper durchscheint, grausig anzuschauen. Das Tier erspart mir seinen weiteren Anblick, indem es sich hinter der Türe versteckt. Auch ich flüchte. Und wie ich draussen bin, geht Lotti ins Zimmer. Schliesst die Türe, durch die ich nun das grässliche Knacken eines Panzers vernehme.

«Lotti», rufe ich von draussen, «was tust du bloss?»

Sie öffnet die Tür, holt Toilettenpapier, verschwindet wieder im Zimmer, kommt raus, entsorgt das leblose Teil im Kehricht, schaut mich an und fragt: «Hast du Hunger?»

Ja, habe ich, aber ich weiss, wie müde sie ist, deshalb schwindle ich, dass ich jetzt am liebsten schlafen gehen würde.

«Schlafen?», meint Lotti, «dein Schrei hat die Müdigkeit aus meinen Knochen gejagt wie ein Nagel die Luft aus einem Fahrradpneu! Also komm, gehen wir auf den Nachtmarkt. Wobei, eigentlich müssten wir ja noch ins Sterbespital. Yusuf hat mir nämlich eröffnet, er gehe erst ins Bett, wenn du angekommen seiest. Aber bei deiner Verspätung schlafen jetzt bestimmt alle, und wecken wollen wir niemanden, oder?»

«Yusuf?», frage ich, «Yusuf erinnert sich noch an mich?» Yusufs Mutter, Maryam, starb am dritten Tag meines ersten Aufenthaltes. Danach kam er zu seinen Grosseltern. Als ich im November wiederkam, sah ich ihn kurz, als sie bei Lotti vorbeischauten und sie darum baten, Yusuf doch bei ihr aufzunehmen. Offenbar ging Lotti auf ihre Bitte ein. Die Tatsache, dass der hübsche, klein gewachsene Junge heute aufbleiben wollte, um mich zu begrüssen, rührt mich, und ich lasse es mir nicht nehmen, vor dem Nachtmarkt schnell bei ihm vorbeizuschauen. Wir fahren zum Sterbespital, finden alle schlafend vor. Lotti führt mich an Yusufs Bett, ich streichle ihm über die Haare, flüstere: «Ich bin da», und bekomme ein verschlafenes Lächeln zurück. Ich decke ihn zu, gehe zu Lotti, die inzwischen bei Monsieur Konaté, der Nachtwache, in der Apotheke steht. Er begrüsst mich mit «Bonne arrivée» und einer Umarmung.

Wir steigen wieder ins Auto und fahren zum Nachtmarkt, der sich neben der Hauptstrasse befindet. Die Luft ist lau, der Nachtmarkt zu so später Stunde nur noch spärlich frequentiert. Ein paar Stände, die Poulets anbieten, sind noch geöffnet, die meisten aber haben Schluss gemacht für heute. Lotti bestellt ein Poulet braisé, dann gehen wir Richtung «Restaurant», das aus klapprigen Holztischen und noch klapprigeren Holzstühlen besteht, bestellen ein «Flag», ein afrikanisches Bier, und ein Tonicwasser und füllen unsere Gläser je zur Hälfte damit.

Die Nacht ist schwarz, wird nur teilweise von schwachen Glühbirnen und den paar noch brennenden Feuern erhellt, deren Funken die Finsternis rot sprenkeln, wenn Luft dazugefächert wird. Es stinkt. Fürchterlich. Nach Abfallhalde? Das war noch nie so!

«Die Müllmänner streiken seit einer Woche», erklärt Lotti, «sei froh, dass du die Abfallberge in der Dunkelheit nicht siehst. Guten Appetit!»

Soeben wird uns das Poulet braisé serviert, Pouletstücke, die auf einem durchlöcherten Blech über dem offenen Feuer geröstet, dann mit Öl, Chilischoten und Zwiebeln gewürzt und mit Tomatenscheiben garniert wurden. Der delikate Duft vertreibt den beissenden Gestank. Ich tauche meine Finger in die rostige Konservendose, die mit Wasser gefüllt ist und als Tischbowle dient. Dann tue ich mich an dem gütlich, was mir bei der blossen Erinnerung jedes Mal das Wasser im Mund zusammenlaufen lässt. Das Bier ist frisch und kalt und wunderbar. Nach dem zweiten, das wir wiederum mit Tonicwasser verdünnen, weiss ich, dass ich schlafen werde wie ein Murmeltier, und dies trotz der leisen Ahnung, dass die kaltblütig ermordete Kakerlake in meinem Zimmer einen Kumpel haben könnte, der auf Rache sinnt.

Sonntag, 7. März

Dank der Zeitverschiebung von einer Stunde – in der Schweiz ist es schon sieben – bin ich bereits hellwach, als Lotti um sechs Uhr an meine Türe klopft:

«Ich habe gestern vergessen zu sagen, dass das Wasser knapp ist. Falls du duschen willst, hast du jetzt noch höchstens fünf Minuten Zeit. Wir treffen uns in einer Stunde am Kiosk zum Frühstück, tschüss.»

In fünf Minuten kein Wasser mehr? Aufgestanden, ins Badezimmer gehetzt, Wasserhahn aufgedreht – es gibt nur einen mit kaltem Wasser –, unter die Brause gestanden! Als ich von oben bis unten eingeseift bin, erkenne ich, dass alles Hetzen nichts nützte. Das eben noch strömende Nass wird zu einem Rinnsal, unter welchem ich gerade noch einigermassen seifenfrei werde. Den Rest des Schaums tupfe ich mit dem Tuch ab. Afrika.

Ich packe die Reisetasche aus, richte mich ein, gebe meinem Verlangen, unters Bett und in die Ecken zu schauen, um Ungetier auszumachen, wohlweislich nicht nach. Schalte die Klimaanlage, den einzigen Luxus, den Lotti sich gönnt, aus und steige die Treppe hinunter in den Hof des Ambulatoriums. Ouattara steht, obwohl es Sonntag ist, schon da. Im Arm Aziz, seinen vierzehn Monate alten Sohn, den er nach Lottis Mann getauft hat und der an Grösse zugelegt hat. Wie immer trägt er auch heute keine Windeln, sondern nichts als eine Schnur um seinen nackten Unterleib. Der Kleine versteckt sich hinter Ouattaras Hals, als ich ihm zulächle.

«So scheu? Seit wann?»

Ouattara erklärt: «Es gab einen Verrückten im Quartier, der die Kinder gepackt und dann verschleppt hat. Mein Sohn ist nur dank meiner Aufmerksamkeit und meiner Fähigkeit, einen Sprint hinzulegen, mit dem Schrecken davongekommen. Seit diesem Erlebnis lässt er nur noch seine Mutter und mich an sich heran. Aziz will ständig getragen werden! Stellt man ihn auf den Boden, schreit er unverzüglich. Und da meine Frau den ganzen Tag an ihrem Marktstand steht, bin ich es, der sich um den Kleinen kümmert. Meine Arme», fährt Ouattara, ohne Luft zu holen, weiter, «schmerzen inzwischen bedenklich, vor allem der, in welchem ich nach einer Fraktur noch Metall habe; zum Glück ist der Leistenbruch, dessen Operation mir Madame Lotti bezahlte, verheilt. Überhaupt kann ich mich glücklich schätzen, hier zu arbeiten! Wo sonst könnte ich, währenddem ich Geld verdiene, meinen Sohn bei mir haben?»

Als er endlich Luft holt, schaut Aziz seinen Vater verwundert an. Ganz offenbar ist er sich einen solchen Redeschwall von ihm nicht gewohnt.

Als ich durch das orangefarbene Tor in den Slum trete, bleibe ich erst mal stehen, schaue mich um, sehe, dass die Boutique, so wird der kleine Laden vis-à-vis des Ambulatoriums genannt, bereits offen ist, und auch der Kiosk, wo Lotti jeden Morgen punkt sieben frühstückt: gefriergetrockneten, kondensmilchsüssen Kaffee mit einem Stück Baguette, das dick mit Margarine bestrichen ist. Kioske, so werden hier zwei auf zwei Meter grosse, offene Holzhütten genannt, die Getränke ausschenken und auf völlig zerbeulten Bratpfannen, die unseren Lebensmittelinspektoren die Haare zu Berge stehen lassen würden, Spaghetti mit Nierchen wärmen. Ich habe schon davon gegessen, sie sind gut. Ehrlich!

Frauen stehen vor den Türen ihrer Hütten, in denen oftmals bis zu acht Personen auf engstem Raum leben, und wischen Sand. Vögel zwitschern leise. In der Luft liegt der Duft von heissem Öl, in welchem Hefegebäck frittiert wird.

Der Weg hinunter zum Sterbespital führt mich vorbei an zähneputzenden Menschen, die dazu meist keine Zahnbürste, sondern ihre Finger benutzen. Vorbei an Frauen, die sich ihre Kinder auf den

Rücken binden. Vorbei an einem kleinen Mädchen im Sonntagsstaat – einem rosaroten, völlig verdreckten Spitzenkleidchen – und schliesslich an einem Mann, der einem anderen stolz seinen Fang präsentiert. Eine weisse und eine graue Taube, die er beide in seiner Rechten hält. Daumen und Zeigefinger fest an die Wurzeln ihrer aufgespannten Flügel gepresst, machen die Vögel keinen Wank. Nur ihre Augen verraten, dass sie noch am Leben sind. Allerdings nicht mehr lange. Sonntagsbraten.

Vor dem Tor des Sterbespitals steht Félix, ein Pfleger der ersten Stunde. Er scheint sich eine frühe Rauchpause zu gönnen. Um mich zu begrüssen, drückt er die Zigarette aus. Dies, obwohl sie ihn – das weiss ich – ein kleines Vermögen gekostet hat. Allerdings tut er es so vorsichtig, dass er sie später noch einmal anzünden kann.

«Ich freue mich», sagt er, «dass du wiedergekommen bist», und rückt seine viel zu grosse Brille zurecht.

«Du trägst eine Brille, seit wann?»

«Ich habe sie schon eine Weile, bloss brauche ich sie je länger, je mehr, so ist das eben», erklärt Félix und fragt dann, ob ich nicht reingehen wolle. Doch, eigentlich will ich, aber ich möchte den Moment der Vorfreude noch etwas auskosten. Die Vorfreude, Arlette, die aus dem Norden stammt und die mit ihren beiden Kindern hier einen Zufluchtsort vor dem Krieg gefunden hat, wieder zu treffen. Und Alphonse, der wie ein König auf seinem Sofa thront, weil kein Bett mehr übrig ist. Den blinden Felix, der meine Stimme lange mit der von Lotti verwechselt hat. Die Kinder Emanuel, Christ und Mohamed. Und natürlich Yusuf. Ich weiss noch nicht, dass dort drinnen neue Gesichter sind, die ich nie vergessen werde. Das von Noël, das von Alimata, das von Antoine.

Nachdem ich den Sand von den Schuhen geklopft habe, betrete ich den Raum, der u-förmig von Zimmern umgeben und von Hoffnung erfüllt ist. Aber auch von Desillusion. Von Ruhe. Aber auch von Rastlosigkeit. Von Leben. Aber auch von Tod. Dass das Sterbespital, verglichen mit vielen anderen, offiziellen Gesundheitsanstalten im

Lande, paradiesische Verhältnisse aufweist, weiss ich seit meinem zweiten Besuch, bei welchem Lotti mich in eines der öffentlichen Spitäler geführt hatte. Darüber schreiben darf ich allerdings nicht, das mussten Lotti und ich der dort Dienst habenden Ärztin auf die Hand versprechen. Nur so viel: Es fehlt, von Farbe für die Wände über Betten bis hin zu sterilen Tüchern, an allem. Und das in einem Land, das einmal zu den stabilsten Ländern Schwarzafrikas gehörte. Die politische Unruhe, die Zerrissenheit in Norden und Süden, die schwelenden Konflikte haben die Elfenbeinküste, die bis 1960 unter französischer Kolonialmacht gestanden hatte, den anderen Ländern Schwarzafrikas gleichgemacht.

In Schwarzafrika liegen dreissig der vierunddreissig am wenigsten entwickelten Länder. Unter ihnen rangiert die Elfenbeinküste 2004 auf Platz 163, hinter Nigeria, Tansania und Ruanda. Von den 175 untersuchten Ländern nimmt Sierra Leone den letzten Platz ein. 1999 lag die Elfenbeinküste noch auf Platz 154.

Diese Angaben macht das Entwicklungsprogramm der Vereinten Nationen. Der Bericht hält weiter fest: «Südlich der Sahara herrscht eine enorme Armut, es ist kein Fortschritt zu verzeichnen, sondern Stillstand und oft sogar eine Verschlimmerung der Lage. Es gibt kein Wirtschaftswachstum, die Hälfte der Einwohner lebt in extremer Armut, ein Drittel leidet Hunger, über fünfzehn Prozent der Kinder sterben vor Erreichen des fünften Lebensjahres. Neue Herausforderungen kommen aufgrund der grassierenden Aidsepidemie hinzu.»

Ich staune darüber, wie sehr der «arbre parasol», der «Sonnenschirmbaum», gewachsen ist, der in der Mitte des Hofes steht und später einmal – genau wie der beim Ambulatorium auch – für Schatten sorgen wird. Emanuel, der mich als Erster entdeckt hat, legt den Kopf schief, schaut dann Lotti, die neben ihm steht, fragend an.

«Ja», bestätigt sie, «das ist sie, geh nur.»

Und schon kommt er auf seinen dünnen Beinchen dahergewackelt, streckt mir die Arme entgegen, lässt sich von mir hochheben, klammert sich so an mich, dass ich beide Hände loslassen könnte, ohne dass er auch nur einen Millimeter nach unten rutschte. Emanuel! Der Kleine mit dem grossen Lachen wurde im Gefängnis geboren, wo er seine beiden ersten Lebensjahre verbrachte. Man hatte Noëlle, seine Mutter, an Stelle des Vaters eingekerkert, der nach einer Unterschlagung abgetaucht war. Als man ihn endlich verhaften konnte, entliess man Mutter und Kind. Im Juni letzten Jahres hing sein Leben an einem seidenen Faden. Einen Monat später, als seine Mutter Noëlle ihren Kampf gegen Aids verlor, drohte dieser Faden zu reissen. Ohne ihre Nähe, die Emanuel immer intensiv gesucht hatte, wurde der Kleine von Tag zu Tag apathischer. Lotti nahm ihn mit zu Dr. Henri Chenal, einem weissen Ivorer, der im Zentrum von Abidjan ein medizinisches Forschungszentrum aus dem Boden gestampft hat, das sich ausschliesslich um Aidskranke kümmert.

«Henri», sagte Lotti zum Arzt, der für sie längst ein Freund geworden ist, «verschreib ihm die Dreifachtherapie. Bitte!»

Dreifachtherapie, so wird die Medikation gegen Aids genannt, die es Aidskranken erlaubt, ein mehr oder weniger normales Leben zu führen. Seit ein paar Monaten wird diese Therapie von der Regierung der Elfenbeinküste Kindern bis zu ihrem achtzehnten Geburtstag gratis abgegeben.

Dr. Chenal wehrte ab: «Gibst du Emanuel die Medikamente in diesem Zustand, kann es sein, dass sie ihn töten.»

«Ich weiss, dass er daran sterben könnte, ich weiss aber auch – und das genauso gut wie du –, dass er ohne die Medikamente mit aller Wahrscheinlichkeit auch stirbt. Wir haben eine fünfzigprozentige Chance. Ich nehme das Risiko in Kauf.»

Henri Chenal erwiderte nichts, wiegte nur seinen Kopf hin und her, kniff dann die Augen zusammen und brummte: «Du setzt deinen Kopf wohl immer durch?»

Und tat, was Lotti von ihm verlangte. Das Resultat sind kräftige Ärmchen, die sich um meinen Hals schlingen, ein leises Lachen, das mein Ohr erreicht, ein kleines Herz, das ich an meiner Brust schlagen spüre.

Nun kommen auch die anderen Kinder herbeigeeilt. Christ, dessen Mutter Chantal ich kennen lernte, bevor sie starb. Mohamed, der seine Eltern an Aids verloren hat und dessen Gang nicht mehr wie vor knapp einem Jahr an ein neugeborenes Lamm erinnert. Hinter ihm stampft zögernd – nur die Neugierde treibt ihn – ein weiteres kleines Kerlchen auf mich zu.

«Willy», stellt Lotti ihn vor, «oder Wilfred, wie du lieber möchtest. Und dort hinten ist Antoine, unser Jüngster.»

Lotti weist mit dem Kopf auf ein sieben Monate altes Baby, das auf einer Tagesdecke auf dem Bauch liegt. Neugierig dreht es den Kopf nach allen Seiten und erinnert mit seinen grossen Augen an Walt Disneys Bambi. Antoine, das wird mir Lotti später erzählen, hat kein Aids, sondern Eltern, die ihn nicht mehr wollen. Allerdings hat man ihn unter dem Vorwand hierher gebracht, die Mutter sei gestorben, was sich später als Lüge herausgestellt und Lotti dem Gelächter ihrer Mitarbeiter ausgesetzt hat.

«Madame Lotti mit ihrem grossen Herz», meinten sie unisono, «ermöglicht jungen Paaren ständige Flitterwochen ohne Babygeschrei.»

Jetzt will auch Christ auf meinen Arm, dann auch Mohamed. Willy genügt es, mich anzustaunen. Ich setze mich auf den Boden, umarme die ganze Horde und winke dann Arlette, der Flüchtlingsfrau, zu, die sich mit ihren beiden Kindern Osé und Hermas bis jetzt im Hintergrund gehalten hat.

Arlette, die, genau wie ihre Kinder, HIV-negativ ist, ist zur Schönheit geworden. All die Sorgen, die ihr Gesicht zeichneten, als ich ihr das erste Mal begegnete, all die Anstrengung von tagelangen Märschen mit zwei kleinen Kindern und auch die Ungewissheit, was aus ihr und den beiden werden würde, sind weggewischt. Jetzt liegt ein Strahlen auf ihrem Gesicht, das von tief innen kommt und auch Dankbarkeit ausdrückt. Dafür, dass hier, unter diesem Dach, ihr unterernährter Sohn Hermas, ein erschütternd dünnes Wesen, das Lotti gerne «meine kleine Crevette» genannt hatte, zu einem pausbäckigen

Jungen heranreifen konnte. Inzwischen nennt sie ihn «mein kleiner Buddha». Aber auch Osé, Arlettes Tochter, hat sich verändert. Sie hat ihre Scheu gegen die selbstbewusste Ausstrahlung einer kleinen Göre ausgetauscht und findet das Leben hier ganz offensichtlich wahnsinnig aufregend. Immer hat sie was zu tun, zu befehlen, zu fragen und weist all die Buben, wann immer sie kann, forsch zurecht. Osé, die früher viel geweint hat, tut dies inzwischen nur noch, wenn ihr Hermas eins auf den Deckel gibt. Eifersüchtig, wie der kleine Bruder ist, tut er dies oft genug. Und sie weint vor allem dann, wenn Arlette ihr eine neue Frisur verpasst. Was alle drei, vier Tage passiert. Es sind zwar kunstvolle, immer wieder neue Werke, doch der Zug an der Kopfhaut, den es braucht, um das widerspenstige Haar zu zähmen, muss enorm sein.

Lotti schaut auf die Uhr, drängt zum Frühstück. «Wir sind ja schon fast eine halbe Stunde zu spät für dieses wichtige Meeting!»

Mit dem Auto, das der Sturm – wie alles andere auch – mit einer feinen Staubschicht überzogen hat, fahren wir Richtung Ambulatorium, gehen zum Kiosk. Als ich dort – nein, keinen gefriergetrockneten, kondensmilchsüssen Kaffee, sondern – Tee bestelle, suche ich beim jungen Mann hinter dem Tresen nach einem Zeichen des Wiedererkennens. Vergeblich. Er ist wie immer. Absolut unnahbar. Kein Lächeln. Nie. Aber diesmal habe ich etwas dabei, das eine Reaktion hervorzaubern könnte. Ich nehme die Fotografie aus der Tasche, die ich mir das letzte Mal von ihm zu machen erlaubte. Erst zeige ich sie Lotti, die mich verschmitzt anlächelt. Dann lege ich sie auf den Tresen. Und tatsächlich! Wie erwartet erhellt ein kurzes Lächeln sein Gesicht, nachdem er das Bild in den Händen gedreht und gewendet hat. Keine fünf Sekunden später sitzt die Ernsthaftigkeit wieder wie in Stein gemeisselt in seinen Zügen. Ich weiss, dass der Mann, der aus Burkina Faso stammt, hier wirklich nichts zu lachen hat.

Der politische Grundkonflikt in der Elfenbeinküste rührt daher, dass das einst an Kakao-, Kaffee- und anderen Plantagen reiche Land auf Gastarbeiter angewiesen war, die aus den angrenzenden Ländern

Mali, Ghana, Liberia, Guinea und eben Burkina Faso kamen. Jahrzehntelang halfen sie, die Wirtschaft des Landes in Gang zu halten, und machen inzwischen über zwanzig Prozent der Gesamtbevölkerung aus. Obwohl gut die Hälfte von ihnen in der Elfenbeinküste zur Welt kam, ist es ihnen verwehrt, die Staatsangehörigkeit zu erlangen, geschweige denn Grundeigentum zu erwerben. Nur Ivorer sind berechtigt, Land zu kaufen. Am 19. September 2002 putschten abtrünnige Militäreinheiten gegen die amtierende Regierung. Ihre Rechtfertigung: Laurent Gbagbo, man spricht den Namen Bagbo aus, der im Süden lebende christliche Präsident, schüre den Hass gegen die rund vier Millionen Immigranten und unterdrücke den muslimischen Norden. Die Rebellen brachten den Norden unter ihre Kontrolle. Trotz eines Friedensabkommens, das im Januar 2003 in einem Pariser Vorort vom Präsidenten und von der Opposition unterzeichnet wurde, ist die nationale Versöhnung nach wie vor nicht geglückt. Der Bürgerkrieg unterteilt das Land in den muslimischen Norden und in den christlichen Süden. Im Februar 2004 entschloss sich der Uno-Sicherheitsrat, dem französischen Militär, das mit knapp fünftausend Mann versucht, das Pulverfass unter Kontrolle zu halten, eine gut sechstausend Mann starke Friedenstruppe zur Seite zu stellen. Den Zeitungsberichten zufolge allerdings mit nur geringem Erfolg.

Wieder zurück im Sterbespital, drücke ich viele Hände, gehe dann zu Alphonse, der nicht mehr auf dem Sofa thront, sondern gleich daneben auf einem der neu aufgestellten Betten.

«Alphonse, du liegst jetzt in einem Bett? Schön, nun kannst du endlich deine langen Beine strecken.»

Aber davon will Alphonse nichts wissen, offensichtlich hat er Lotti noch nicht ganz verziehen, dass sie ihn vom Sofa in ein Bett verfrachtete. Aber zufrieden, dass er – auch wenn es ihm inzwischen besser geht – immer noch hier bleiben darf, scheint er doch zu sein. Er zeigt mir sein neues Transistorradio, das er geschenkt bekommen hat und mit dem er zeitweise das halbe Spital unterhält. Vornehmlich zur Siestazeit, was nicht allen gleich gut gefällt.

Erst jetzt gehe ich ins Männerzimmer, um Felix, den blinden Nigerianer, zu begrüssen. Ich trete leise ein und höre schlagartig zu atmen auf. In der Luft liegt der Geruch einer eiternden Wunde. Ich atme ganz flach durch den Mund. Langsam passiere ich die Betten, vier auf jeder Seite, nicke den Kranken zu, sage hier und da «Bonjour». Ich erkenne kein einziges Gesicht. Zielstrebig gehe ich auf das hinterste, auf Felix' Bett zu, in welchem ein junger, kräftiger Mann liegt, dessen dicker Verband an seinem Unterschenkel gelb und rosa genässt ist. Rechtsumkehrt und raus. Frische Luft atmen. Die Bilder von den ausgezehrten Körpern verdauen. Ich habe nicht vergessen, wie Patienten, die an Aids sterben, aussehen. Aber sich daran zu erinnern, wie dünn die Haut auf den Knochen liegt, ist etwas anderes, als in die tief in den Höhlen liegenden Augen der Kranken zu schauen. Hinzu kommt, dass Felix' Bett «leer» ist. Wo steckt der blinde Nigerianer? Gestorben? Lotti hätte mir das erzählt, gemailt, was auch immer. Und nach Hause gegangen wird er wohl auch nicht sein. Ich weiss, dass Lotti ihn nur bei sich behält, weil er sonst auf der Strasse leben müsste und – blind, wie er ist – wohl bald verhungern würde. Felix ist der einzige Patient, der nicht an Aids leidet und hier seinen Alterssitz gefunden hat.

«Suchst du Felix?»

Lotti, die ganz offensichtlich nach wie vor Gedanken lesen kann, legt mir ihre Hand auf die Schulter und führt mich in das kleine Zimmer, das bis anhin von Frauen belegt war. Da sitzt er. Genau so, wie ich ihn in Erinnerung habe. Mit kurz geschnittenen grauen Haaren, nacktem Oberkörper, um den Hals einen mit grünen Steinen besetzten Rosenkranz. Seine Beine stecken in kurzen Hosen, seine Füsse in Flipflops, und seine milchig weissen Augen blicken ins Nichts.

«Good morning, Felix! Wie geht es dir?»

Felix streckt seinen Rücken durch, hebt den Kopf, dreht ihn in meine Richtung, sagt: «Das ist nicht meine Tochter, nein?»

Felix nennt Lotti nicht Lotti, sondern «my daughter». Als Nigerianer spricht er, nicht wie alle anderen hier Französisch, sondern Englisch, was seine Möglichkeiten, zu kommunizieren, leider stark eingeschränkt.

«Nein, ich bin nicht deine Tochter, ich bin …»

Felix hindert mich mit einer Handbewegung am Weitersprechen. «Goby!»

«Ja», lache ich, setze mich neben ihn hin und berühre seinen Arm, «weisst du, dass du der Einzige bist, der mich so nennt?»

«Oh? Wie nennt man dich dann?»

«Gaby, aber ich glaube, ich mag Goby besser.»

Das stimmt und liegt daran, wie Felix die ganze Tiefe seiner Stimme in das O legt und dieses in die Länge zieht.

«Wie geht es?», will er nun wissen.

«Gut», sage ich.

«Wie lange bleibst du?»

«Eine Woche.»

Es ist verblüffend, wie Felix sein Erstaunen, das er nicht mehr in seine Augen legen kann, mit seinem ganzen Körper zum Ausdruck bringt. «Nur eine Woche?»

Ich verspreche ihm, ich würde Zeit finden, viel mit ihm zu reden, drücke seinen Arm und stehe dann auf, weil mich der Junge, der zwei Betten neben Felix liegt, schon fast magisch anzieht. Sein Lächeln gibt wunderbar weisse Zähne frei. Ich stelle mich vor, bekomme daraufhin noch mehr Zähne zu sehen. Sein ganzes Gesicht scheint aus Mund zu bestehen, und dies nicht nur, weil er so erbärmlich dünn ist, sondern weil er einfach einen so wunderbar grossen Mund hat. Seine Augen sind sanft und von tiefem, fast schwarzem Braun. Sein Kopf ist so kahl wie der eines alten Mannes. Zur Begrüssung reicht er mir seine feingliedrige Hand, legt sie so zart in meine, dass ich das Gefühl habe, einen kleinen Vogel in der Hand zu halten.

«Guten Tag, ich heisse Noël. Könnten Sie Arlette fragen, ob sie mal bei mir vorbeischaut?»

Ich nicke, gehe hinaus und suche Arlette, die inzwischen zum Team gehört und denselben Lohn erhält wie alle anderen auch. Lotti hat mit allen Mitarbeitern besprochen, dass es keine Lohnstufen gibt, sondern, dass das zur Verfügung stehende Geld gerecht auf alle verteilt wird. Das ergibt für jede und jeden pro Monat hundert Schweizer Franken. Oder in CFA, der Landeswährung, vierzigtausend afrikanische Francs. Für die Miete bezahlt man im Slum zwischen zehn- und zwanzigtausend Francs. Bleiben pro Tag höchstens knappe zwei Franken, um die Familie zu ernähren. Für Lotti ist es ein Problem, nicht mehr bezahlen zu können.

Arlette ist heute unauffindbar. Weder steckt sie in der Küche, um Gemüse zu rüsten oder Geschirr abzuwaschen, noch inmitten der Kinderschar, die sich um einen Ball gruppiert hat.

«Arlette», erklärt Lotti, «ist in der Kirche und wird erst gegen Abend zurückkommen. Ich habe ihr gesagt, sie solle sich ein paar Stunden für sich alleine nehmen, du machst dir ja keine Vorstellung, was diese Frau tagein, tagaus leistet. Von den Nächten ganz zu schweigen.»

Arlette legte Emanuel, als dessen Mutter Noëlle starb, zu ihren beiden Kindern auf die Matratze. Als ein paar Tage später auch noch Christs Mutter, Chantal, starb, legte sie diesen zu sich auf die Matratze. Dann kam Willy, und sie legte sich auf eine Matte auf den Boden und Willy zu Christ. Willys schwere Hustenanfälle, die durch eine nicht ansteckende Lungen-Tuberkulose ausgelöst wurden und an denen er oft schier erstickte, brachten sie nächtelang um den Schlaf. Als die Krankheit endlich auskuriert war, tauchte Antoine auf, der Kleinste, der nicht Aids hat, sondern Eltern, die ihn nicht mehr wollen, und der tat, was Babys gerne tun: schreiend die Nacht zum Tag erklären. Und dies alle zwei Stunden von neuem. Damit er dabei nicht auch noch seine «Geschwister» weckt, schläft er inzwischen in einem eigenen Gitterbettchen.

Als ich das erste Mal hier war, hatte Arlette zwei Kinder, ihre eigenen. Beim zweiten Mal kümmerte sie sich um vier. Inzwischen sind es – mit Mohamed, der allerdings jeden Abend von seinem Onkel abgeholt wird – sieben. Am Tag teilt Arlette sich die Arbeit mit

Solange, dem Kindermädchen. Aber sie ist es, die alle ins Bett bringt. Ein Ritual, das seinesgleichen suche, wie mir Lotti mal andeutete. Ich hoffe, es während der nächsten Tage erleben zu dürfen.

Zurück bei Noël, sage ich ihm, dass Arlette bis heute Abend weg sei, und frage, ob ich etwas für ihn tun könne.

«Nein», erwidert er, «ich wollte bloss ein bisschen mit ihr reden, aber das hat Zeit bis morgen.»

«Darf ich dir Gesellschaft leisten?», frage ich und setze mich auf sein Nicken hin auf die Bettkante. Ich erzähle ihm, was ich hier tue, frage, ob er gerne hier sei. Ich erfahre, dass er am 25. Dezember Geburtstag hat, dass seine Mutter, sein Vater sowie sein Bruder gestorben sind und nur noch seine Schwester lebt. Wo, das weiss er nicht. Seine Grosseltern haben sich rührend um ihn gekümmert und ihn immer wieder zu Dr. Chenal gebracht. Henri Chenal ist es dann gewesen, der dem Jungen angesehen hat, wie unglücklich er war. Er stellte ihm Fragen und erfuhr, dass die Grosseltern zwar sehr nett mit ihm sind, die Nachbarn hingegen ganz und gar nicht. Man zeigte mit Fingern auf ihn, den offensichtlich Aidskranken, mied ihn wie die Pest. Der Arzt fragte Lotti, ob Noël zu ihr ins Spital kommen könne.

«Lotti», erzählt Noël weiter, «war sofort einverstanden und versprach, hier sei ich kein Aussätziger, sondern einer wie alle anderen auch.»

Die Ruhe, die von dem erst Siebzehnjährigen ausgeht, ist ebenso bemerkenswert wie die Weisheit, die in seinen Augen liegt. Beides beunruhigt mich allerdings zutiefst, weil ich hier gelernt habe, dass junge Menschen, denen eine unheilbare Krankheit viel Zeit zum Sterben lässt, unverhältnismässig schnell reif werden.

Noëls Bett steht gleich neben der sperrangelweit geöffneten Türe. Die Sonne fällt, durch ein Vordach gefiltert, mitten in sein fein geschnittenes Gesicht. Blendet ihn ein bisschen. Er schliesst die Augen, kurze Zeit später schläft er ein.

Als ich mich umdrehe, sehe ich, dass auch Felix schläft. Im Hof schlafen die Kinder kreuz und quer auf einer Matte. Hortense, die

Köchin, macht ebenfalls ein Nickerchen. Solange, das Kindermädchen, hat sich auf einer Bank ausgestreckt, Félix, der Pfleger, auf dem Schaukelstuhl. Nur eine sprüht trotz der feuchten Hitze, die auch mir jede Energie aus den Poren spült, vor Tatendrang: Madame Lotti. Am Wasserhahn füllt sie leere Pet-Flaschen auf. Zur Siestazeit, erklärt sie, gebe es genügend Druck in den Wasserleitungen, den sie nun, wo das Wasser so rar sei, ausnützen wolle.

«Wenn ich damit fertig bin, lade ich dich zum Mittagessen ein. Für einmal nicht hier im Slum, sondern in einem kleinen Hotel, in dem ich früher oft mit meiner Familie die Sonntage verbracht habe, wenn wir keine Lust hatten, zu unserem Anwesen am Meer zu fahren.»

«Stimmt», foppe ich sie, «das hatte Madame ja auch noch. Nicht nur einen Koch, einen Chauffeur, einen Swimmingpool, sondern auch noch drei vollklimatisierte Bungalows am Meer. Muss das ein schönes Leben gewesen sein.»

Lotti schmunzelt: «Es waren nicht drei – es waren vier, meine Liebe!»

Bevor wir das Sterbespital verlassen, führt mich Lotti in ein neu errichtetes Häuschen vis-à-vis der kleinen Leichenhalle. Eine Tür, ein kleines Fenster, ein Bett, eine Matratze auf dem Boden, ein Ventilator, ein Stuhl, der als Nachttisch dient, und eine Kommode.

Lotti erklärt: «Das ist unser Jugendhäuschen. Im Moment wohnt nur Aimé hier, du kennst ihn, er ist eine Leseratte.»

Aimés Lachen, das er uns zur Begrüssung schenkt, findet nur leisen Widerhall in seinen Augen. Es ist allerdings keine Traurigkeit, die in ihnen liegt, sondern eine vornehme Distanz. Und die ist es, die mich daran erinnert, dass ich ihn tatsächlich schon einmal gesehen habe. Kennen allerdings, so wie Lotti das sagt, tue ich ihn nicht. Er kam an meinem letzten Tag im Juni letzten Jahres mit einem Brief zu Lotti. Darin stand, dass Aimé Aids habe und man sie bitte, ihm dies mitzuteilen.

Lotti weiss, dass man das Wort Aids hier in Afrika nicht in den Mund nimmt. Viele der Ärzte umgehen es, indem sie kranke Menschen tausendundeinem Test, nur nicht dem einzig richtigen unterziehen. Sie tun dies nicht in erster Linie, weil sie den Kranken das Geld aus der Tasche ziehen wollen, sondern, weil sie die Konsequenzen eines positiven Ergebnisses, eben das Gespräch über Aids, fürchten.

Damals setzte Lotti sich mit Aimé auf die Bank in der Ecke bei der Küche, gab seiner Krankheit einen Namen, erklärte, wie sie ihm helfen werde, und bot ihm an, bei ihr zu bleiben. Aimé ging es schlecht. Sein angeschlagenes Immunsystem hatte ihn eine bekannte Begleiterscheinung von Aids entwickeln lassen, das Kaposi-Sarkom. Eine bösartige Form von Hautkrebs, der von den Blutgefässen ausgeht und rötlich blaue Tumore macht. Eine Krankheit, an der auch Alphonse leidet. Bei Aimé war das ganze Gesicht befallen. Der Krebs verwandelte seinen linken Fuss in eine einzige Wunde, die ihn bald am Alleingehen hinderte. Noch heute – nach fast einem Jahr – ist sie nicht ganz verheilt. Aber Aimé, der damals nahe am Tod war, geht es inzwischen wieder so gut, dass er jeden Tag ans Gymnasium gehen kann. Aimé, erzählt mir Lotti, als wir das Häuschen wieder verlassen, habe unendlich gelitten und sie oft gefragt, warum er so leiden müsse. «Er hat allerdings nie eine Antwort darauf erwartet, sondern diese immer gleich selbst angehängt. Er meinte, Gott wolle seinen Glauben an ihn prüfen.»

Die Fahrt zum Strandhotel führt durch einen dichten Palmenwald zu einem Quartier am Meer, dessen verlotternde Herrschaftshäuser vom ehemaligen Glanz der Elfenbeinküste zeugen. Das Hotel besteht aus mehreren kleinen Häusern, die mit Palmwedeln gedeckt sind. Die Tischchen des Restaurants stehen im Freien, direkt vor einem Sandstrand, an welchem leise rauschend das Meer leckt. Wir können uns einen Tisch aussuchen. Nur einer ist besetzt.

«Früher», erzählt Lotti, «bekam man, ohne zu reservieren, keinen Platz.»

Sie empfiehlt Spaghetti puttanesca, die wir dann auch, zusammen mit einer grossen Flasche Wasser, bestellen.

Irgendetwas hier erinnert mich an die Szene eines Films über Apnoe-Taucher, den ich vor langer Zeit einmal gesehen habe: «Im Rausch der Tiefe» von Luc Besson. Ich frage Lotti, ob sie ihn kenne.

«Natürlich kenne ich den. ‹Le Grand Bleu›, so heisst er auf Französisch. Ein grossartiger Film.»

«Mit einem traurigen Ende.»

«Nein!», protestiert Lotti, «das Ende ist nicht traurig, es ist wunderschön! Dass man den Hauptdarsteller dem Ruf des Meeres folgen und ihn das tun lässt, was er will, nämlich nie mehr auftauchen, das ist doch grossartig.»

Spätestens jetzt wird mir klar, dass es nicht nur die räumliche Situation ist, die mir diesen Film ins Gedächtnis ruft. Es ist wohl auch seine Thematik. Dem Ruf des Meeres folgen! Dem Ruf des Herzens folgen? Der Tiefenrekord-Taucher tauschte Luft gegen Wasser, Höhe gegen Tiefe. Lotti tauschte Bequemlichkeit gegen Regsamkeit, änderte sattes Wohlgefühl erst zu ruheloser Unzufriedenheit und verwandelte diese schliesslich in tiefe Zufriedenheit. Und dies ganz einfach, weil sie musste. Weil es keinen anderen Weg gab. Weil ihr das Ziehen in ihrem Innersten gar keine andere Wahl liess.

«Dass das Band zu meiner Familie dabei nicht zerrissen ist», sagt Lotti jetzt, «ist einzig und allein dem Verständnis meines Mannes zu verdanken.»

Sie werde mir zu Hause, wenn ich wolle, einen Text vorlesen, den sie damals geschrieben habe, als sie glaubte, zwischen dem Drängen in ihrem Körper und dem Verantwortungsgefühl gegenüber ihren Liebsten zermalmt zu werden.

Dann reden wir über Belanglosigkeiten, alles andere würde verhindern, dass wir uns die wirklich hervorragenden Spaghetti schmecken lassen können.

Auf der Rückfahrt hängt jede ihren eigenen Gedanken nach. Bloss einmal unterbreche ich das Schweigen, um zu fragen, ob das, was die vielen Händler an der Strasse in die Höhe halten, tatsächlich lebende Schildkröten seien.

«Nein, es sind tote! Deshalb rudern sie ja auch so verzweifelt mit ihren vier Beinen durch die Luft!» Eins zu null für Lotti.

In ihrem Zimmer stellt sie erst einmal die Klimaanlage ein, sucht dann in einem Stapel Papier ein Heft heraus, blättert es langsam durch, hockt sich rittlings auf den einzigen Stuhl, liest:

Warum nur füge ich diese Schmerzen meiner Familie, meinen Kindern, meinem Mann zu? Warum lasse ich die Menschen, die ich über alles liebe, so sehr leiden? Warum nehme ich meiner kleinen Sarah mich, ihre Mutter, weg?
Bin ich vielleicht einfach nur bösartig, gemein, abscheulich? Was hat mir so den Kopf verdreht und das Herz zerstört? Ergibt das irgendeinen Sinn? Ist alles Irrsinn? Haben die Leute, die sagen, Afrika habe mich verhext, doch Recht? Ich liebe dieses Land, liebe diese Menschen, liebe mein Leben hier, aber ich liebe auch, und dies je länger, je mehr, meine Familie. Wo ist mein Platz?
Ist es Stolz, Verbohrtheit, dass ich hier bleibe? Was will ich damit bezwecken, was beweisen? Manchmal empfinde ich so grosse Übelkeit darüber, was ich Aziz und den Kindern antue, dass ich ganz seekrank werde. Ob ich wohl alles verliere? Wie lange werden sie auf mich warten? Wie lange sich noch gedulden? Wenn wir doch nur alle hier sein könnten, wenn man das alles irgendwie vereinen könnte. Aziz hat mich bei einem unserer raren Telefone gefragt, ob auch ihm irgendwann eine Türe aufgemacht würde, wenn er nur lange genug klopfe. Gott, bitte zeig mir den Weg, bevor alles zu spät ist.

Lotti legt das Blatt auf ihren übervollen Schreibtisch, sieht mich an, fragt: «Verstehst du?»

Ich suche in meiner Hosentasche nach einem Taschentuch. Nicht für mich. Für Lotti, doch sie lacht mich, unter Tränen, aus: «Da muss eine Rolle Toilettenpapier her, alles andere reicht nirgendwohin.»

Sie steht auf, geht raus. Kommt schnäuzend wieder ins Zimmer, schluckt die letzten Tränen runter, sagt: «Aziz hat nicht aufgegeben, hat immer wieder an die Tür geklopft. Dafür bin ich ihm unendlich dankbar. Er hat es geschafft, nicht nur sein Leiden, sondern auch das unserer Kinder zu lindern.»

«Und er hat damit», stelle ich ungefragt fest, «auch deines gedämpft.»

Lotti nickt, fragt, ob ich immer noch daran denke, Aziz zu besuchen.

«Mehr denn je», antworte ich, «aber ich halte mich noch zurück, weisst du, ich möchte nicht frisch verheilte Wunden aufreissen.»

«Nett von dir, aber unnötig. Gehen wir?»

Ich muss nicht fragen, wohin, ich weiss, wo sie ihren «freien Tag», an dem das Ambulatorium geschlossen bleibt, verbringt. Wir gehen ins Sterbespital, finden die meisten wach vor. Kein Wunder, bei dem Geschrei. Ich weiss sofort, was es zu bedeuten hat: Solange, das Kindermädchen, schrubbt die Kleinen sauber. Sie tut dies nicht nur gründlich, sondern auch gleich – Sonntag hin oder her – zweimal pro Tag. Danach pudert sie die Wichte vom Scheitel bis zur Fusssohle weiss, verwandelt sie in kleine Gespenster, die nach Menthol riechen, wickelt sie neu und schickt sie schliesslich mit einem freundlichen Klaps auf den Po wieder zurück zu den Spielsachen, die ich ihnen das letzte Mal mitgebracht habe. Unter anderem eine grosse Kiste Duplos, mit denen die grösseren Kinder, also Yusuf und sein Freund Bouba, schon am zweiten Tag keine Häuser mehr bauten, sondern Gewehre. Bouba lebt nicht hier, sondern bei seiner Mutter Assita, die im Juni letzten Jahres im sechsten Monat schwanger war. Dies, obwohl Lotti ihr gesagt hatte, sie dürfe unter keinen Umständen wieder schwanger werden, da eine Schwangerschaft für eine HIV-positive Frau das Todesurteil bedeuten könne. Assita hatte nicht hingehört. Das Baby, ein Mädchen, kam einen Monat zu früh zur Welt. Bouba, der nicht nur seinen Vater, sondern auch alle seine vier Brüder an Aids verlor, hatte zum ersten Mal eine Schwester. Sie lebte drei Wochen. Die kleine Talat starb in Lottis Armen, weil Assita zu diesem Zeitpunkt so schwach und krank war, dass sie das Kind nicht halten konnte. Das Mail, in welchem Lotti mir den Tod der Kleinen mitteilte, endete mit den Worten: «Tote Babys wiegen Tonnen.»

Lotti fragt, ob ich mit ihr durch die Krankenzimmer gehen wolle, damit sie mich den Patienten vorstellen könne, und interpretiert mein Zögern richtig.

«Du willst noch nicht an all den Betten vorbei, in denen Aïcha, Noëlle, Maryam, Chantal und Lea lagen?», und meint: «Komm, dann gehen wir zuerst zu den neuen Betten im Hof.»

Weil das Spital aus allen Nähten zu platzen drohte, weil die zweiundzwanzig Betten für die fünfzig Kranken beim besten Willen nicht mehr reichten, entschied sich Lotti, ein Freiluftzimmer mit nochmals zehn Schlafstätten zu errichten. So kam Alphonse zu seinem Bett, das er gar nie wollte, und manche der Patienten, die bis anhin auf einer Matratze auf dem Boden schliefen, zu einer Bettstatt samt Nachttisch.

Lotti stellt mir alle vor. Ich erkenne, dass hier nicht die sterbenskranken Patienten untergebracht sind, was gut ist, weil sich die Kinder hier aufhalten. Eine Ausnahme allerdings gibt es. Die letzte Patientin, an deren Bett mich Lotti führt, liegt teilnahmslos da. Alimata. Ein Mädchen, dessen Alter schwer zu schätzen ist. Von ihrer Körpergrösse her müsste sie sechzehn sein, von ihrem Körpergewicht zehn Jahre jünger. Die Ernsthaftigkeit, die in ihren Augen liegt, lässt sie uralt erscheinen, die faltenlose Stirn verrät ihre Jugend. Alimatas starrer Blick hält mich auf Distanz. Wir geben uns die Hand, ich komme kaum näher als bis auf Armeslänge. Dass Alimata bei der Begrüssung nicht lächelt, beschäftigt mich erst, als ich auch in den folgenden Tagen nie auch nur das leiseste Zucken um ihren Mund erkennen kann. Sie liegt gleich neben Alphonse, der uns durch sein Moskitonetz hindurch aufmerksam beobachtet. Keine Frage, Alphonse hat zwar das Sofa gegen das Bett tauschen müssen, aber die totale Kontrolle über sein Königreich, die liess er sich nicht nehmen. Auf meine entsprechende Bemerkung lächelt Lotti weise und meint: «Du triffst damit ins Schwarze. Manchmal versucht er sich auch darin, ein wenig zu regieren und die Pfleger rumzuhetzen, aber ...», auf Lottis Wangen zeichnen sich zwei tiefe Grübchen ab, und ich weiss, dass sie weiss, dass es nicht nötig ist, weiterzusprechen. Lotti lässt ihn liebend gerne König sein, solange er es nicht übertreibt.

Bevor wir nun in die Krankenzimmer gehen, kommt eine Frau zur Tür herein, die auf ihrem Rücken ein Baby trägt, das sie von oben bis unten in Tücher gewickelt hat. Die Mutter erzählt Lotti, dass es ihrem Kind seit vier Tagen schlechter und schlechter gehe. Es brauche Hilfe, sie habe aber kein Geld. Lotti erklärt, dass hier alles gratis sei und sie sich wünschte, sie wäre schon früher gekommen. Weil es nirgendwo eine freie Matratze gibt, bittet Lotti sie in ihr Büro, wo ein Bett steht. Mit flinken Handgriffen holt die junge Mutter, sie heisst Elisabeth, das Baby von ihrem Rücken herunter, legt es aufs Bett, sagt, es sei ein Mädchen und etwas mehr als ein Jahr alt. Die angespannten Armmuskeln der jungen Frau lassen das enorme Gewicht von Deborahs Kopf erahnen, der mich, als er aus den Tüchern auftaucht, erschaudern lässt. Der Name dafür ist ebenso grässlich wie die Krankheit selbst: Wasserkopf. Die Medizin hat einen anderen Namen dafür: «Hydrozephalus». Ursache ist eine Fehlbildung, die schon bei der Geburt besteht, allerdings erst mit der Zeit sichtbar wird. Dann, wenn die vom Hirn gebildete Flüssigkeit nicht normal abfliessen kann, sich staut und der Kopf dadurch immer grösser und grösser wird. Elisabeth erzählt, Deborahs Kopf habe vor neun Monaten zu wachsen begonnen.

Das Kind liegt leblos da. Die Augen sind ein wenig geöffnet, reagieren aber nicht im Geringsten auf Bewegungen oder Stimmen. Lotti geht hinaus, bittet Ange, einen der Krankenpfleger, frische Tücher zu holen. Sie hat sofort gesehen, dass das Kind bereits im Koma liegt und nicht mehr lange leben wird.

Ich begleite Ange nach draussen, um ihn dort richtig begrüssen zu können. Als ich wiederkomme, weint nicht die Mutter, sondern Lotti. Ich weiss, was sie rührt. Es sind die winzigen Zehen, die kleinen Finger, die schmalen Ärmchen, die leicht mit Babyspeck bepackten Oberschenkel, der zarte Brustkorb, der kleine Hals und dann das, was so überhaupt nicht dazu passt, dieser riesige Kopf. Die Gesichtszüge der Kleinen sind verzerrt. Der Kopf blockiert den Körper. Deborah war es ganz offensichtlich verwehrt, zu krabbeln, zu sitzen, sich zu drehen, geschweige denn neugierig den Kopf zu heben, um zu erkennen, was um sie herum passiert.

Elisabeth erzählt, der Vater der Kleinen habe sie schon verlassen, als sie schwanger geworden sei. Sie lebt bei ihrer älteren Schwester und deren Mann, die aber keine Freude an ihr und ihrer Tochter haben. Durch Deborahs Krankheit ist es ihr unmöglich, Geld zu verdienen. Die Einundzwanzigjährige ist auf Gedeih und Verderb dem guten Willen ihrer Schwester und deren Mann ausgeliefert.

«Deborah», erzählt sie, «hat von Geburt an immer nur geweint, manchmal hat mich das fast zur Raserei getrieben.» Dann stockt sie. «Wird Deborah sterben?»

Lotti schaut Elisabeth direkt in die Augen, legt eine Hand auf die Stirn der Kleinen, sagt: «Ja, sie wird heute noch sterben, sie liegt jetzt schon im Koma, schläft ganz tief, lässt sich nicht mehr stören. Du kannst aber trotzdem mit ihr sprechen. Sie spürt, dass du da bist. Streichle sie, zeige ihr, dass du sie liebst. Und sei beruhigt, sie hat keine Schmerzen.»

Elisabeth streichelt ihr Kind nicht, behält die Hände zwischen ihren Knien, fragt Lotti, ob es schlimm sei, dass die Kleine nie getauft worden sei.

Lotti lächelt: «Es war Gott, der entschieden hat, dass es Zeit ist, das Leiden Deborahs zu beenden. Er wird sie mit offenen Armen empfangen. Deborah kommt auch ungetauft in den Himmel, und zwar so wie alle anderen Kinder auch, auf direktem Weg.»

Da die Mutter nach wie vor keine Anstalten macht, sich der Kleinen zu nähern, nimmt Lotti Deborah in die Arme, hebt ihren Kopf, drückt ihn an sich, spricht zärtlich und ganz leise auf sie ein. Der Atem der Kleinen wird zwischendurch so flach, dass die Bewegung, die er im Brustkorb auslöst, an den Flügelschlag eines Schmetterlings erinnert. Ich habe hier gelernt, dass das Sterben Stunden dauern kann, weiss, dass Lotti fähig ist, diese Stunden in derselben Position zu verbringen und die Zeit dabei komplett zu vergessen. Alles dabei zu vergessen.

Diesmal gelingt dies allerdings nicht. Ein markerschütternder Schrei, der von draussen zu uns hereindringt, lässt Lotti ihren Blick von Deborah abwenden und mich fragend anschauen. Ich gehe hinaus, laufe Monsieur Konaté, der Nachtwache, in die Arme, komme nicht dazu, ihn zu fragen, was er denn schon am Nachmittag hier tue. Sein Gesicht ist schweissnass, die tiefe Zufriedenheit, die er sonst ausstrahlt, ist fort. Die Ruhe allerdings, die ihm eigen ist, ist auch jetzt noch spürbar. Ich begleite ihn zu Lotti, die Deborah wieder aufs Bett legt, die Mutter erneut bittet, sich dem Kind mit Worten und Gesten zu widmen, und Monsieur Konaté nach draussen folgt. Während er Lotti zu den Betten im Hof führt, erzählt er, was passiert ist: «Mamadou hatte einen heftigen Malariaanfall, infolge dessen er wie das letzte Mal ständig erbrechen musste. Wir gaben ihm ein Mittel dagegen, nein, Madame Lotti, nicht dieses, auf das er schon das letzte Mal so reagiert hat, ein anderes.»

Mamadou ist Monsieur Konatés zwanzigjähriger Sohn. Er liegt verkrampft und bewusstlos in Alphonse' Bett, derweil dieser, ganz offensichtlich hoch zufrieden mit dem Umstand, dass die alte Ordnung wiederhergestellt ist, auf seinem heiss geliebten Sofa thront. Auf Anweisung Lottis wird eine Injektionsspritze mit Valium aufgezogen, bevor sie jedoch gesetzt werden kann, zerreisst ein weiterer Schrei die Luft.

In der Stille, die folgt, verdreht Mamadou die Augen nach oben, presst den Kiefer so zusammen, dass sich die Gesichtsmuskulatur abzeichnet, als wäre die Haut darüber nicht existent. Monsieur Konaté streicht mit beiden Händen über den völlig verkrampften Unterkiefer seines Sohnes. Von hinten nach vorn. Wieder und wieder. Immer wieder. In der Hoffnung, die Härte weich streichen zu können, legt er dabei die ganze Kraft in seine Hände. Unterbricht kurz, als das Valium injiziert wird. Macht dann weiter, bis das Medikament den unter Hochspannung stehenden Körper Entspannung finden lässt. Nun geht Lotti in die kleine Apotheke des Sterbespitals, um das Arzneimittelkompendium zu holen, jenes immens dicke Buch, das alle handelsüblichen Medikamente beschreibt, und findet ihren Verdacht bestätigt. Das neue Mittel gegen Erbrechen, das Mamadou verschrieben bekam, enthält, wenn auch weniger, aber eben doch denselben Wirkstoff, auf den er schon einmal allergisch reagierte. Lotti bittet Monsieur Konaté, sich mit ihr auf die Bank neben ihrem Büro zu setzen, klärt ihn über diesen Sachverhalt auf. Immer wieder staune ich über all das medizinische Wissen, das Lotti sich im Verlauf ihrer Arbeit angeeignet hat. Lotti legt tröstend die Hand auf seinen Arm und sagt: «Lassen Sie ihn zwei, drei Tage hier, bis er sich erholt hat. Wenn Sie wollen, frage ich Monsieur Koné, ob er heute Nacht Dienst tun will.»

Aber er winkt ab: «Nein, nein, ich werde heute Abend arbeiten.»

Steht auf, geht zu seinem Sohn, setzt sich neben ihn aufs Bett und beweist, dass Kinder für Eltern immer Kinder bleiben, egal, ob sie zwei Monate oder zwanzig Jahre alt sind.

Lotti geht zurück zu Deborah. Elisabeth, die nach wie vor mit den Händen im Schoss dasitzt, fragt, ob sie nach Hause gehen dürfe, sie habe sich in den letzten Tagen, als es mit Deborah immer schlimmer geworden sei, kein einziges Mal waschen können, und möchte dies jetzt, wo die Kleine hier so gut aufgehoben sei, nachholen. «Vielleicht könnte mich meine Schwester, die draussen wartet, ersetzen?»

Lotti bietet der Mutter an, hier zu duschen, aber sie will weg, braucht ganz offensichtlich Distanz und etwas Zeit für sich. Erst jetzt fällt mir auf, dass ich, weil Deborah meinen Blick auf sich zog, keinen für Elisabeth hatte. Das liegt wohl auch daran, dass sie, als die Krankheit ihres Kindes so offensichtlich wurde, damit begann, für die Umwelt möglichst unsichtbar zu werden. Als Elisabeths Schwester reinkommt, wird sofort klar, dass die Positionen klar verteilt sind. Die Ältere duldet die Jüngere mit ihrem behinderten Baby in ihrer Hütte, mehr nicht. Aber wenigstens das. In einem zwei auf zwei Meter grossen Raum Platz für Mutter und Kind zu schaffen und damit nicht nur auf privaten Raum zu verzichten, sondern sich genötigt zu sehen, auch gleich noch zwei Münder mehr zu stopfen, ist ein Stress, den wir uns schlichtweg nicht vorstellen können.

Kaum ist Deborahs Mutter weg, sinkt Elisabeths Schwester in sich zusammen, weint. Lotti lässt ihr Zeit, fragt dann, warum sie so traurig sei.

«Ich weine nicht, weil die Kleine stirbt, sondern weil ich nie ein gutes Wort für sie hatte, weil ich mir, wenn sie schrie und schrie, eigentlich immer nur gewünscht habe, sie möge endlich Ruhe geben. Aus meinem Leben verschwinden. Endgültig. Und nun, wo sie so ruhig daliegt, fühle ich mich schuldig, und es tut mir so wahnsinnig Leid.»

«Sag es ihr.»

Deborahs Tante schaut Lotti so entsetzt an, als habe nicht sie, sondern ein Geist gesprochen. «Wie bitte?»

Lotti spricht ganz leise. «Sag es nicht mir, sag es Deborah, dass es dir Leid tut. Sie wird dich hören und sie wird dich verstehen.»

Jetzt nimmt Lotti Deborah wieder in die Arme, wiegt sie hin und her, vor und zurück, sagt: «Deborah, deine Tante ist hier, ist gekommen, weil sie dir etwas sagen möchte, das sie bis anhin noch nie hat sagen können, ich habe ihr versprochen, dass du sie hören wirst.»

Die Stille, die auf diesen Satz folgt, ist für einen Moment lang vollkommen. Die Einheit, die Lotti, Deborah und die Tante bilden, auch. Und weil ich spüre, dass meine Anwesenheit Elisabeths Schwester daran hindert, die Möglichkeit, sich zu entschuldigen, wahrzunehmen, gehe ich leise hinaus. Kurz bevor ich die Tür hinter mir zuziehe, höre ich, wie die Tante zu der kleinen Deborah redet. Ich bleibe stehen. Nicht, weil ich lauschen will, sondern weil die Spannung, die in der Luft liegt, mir einen Wimpernschlag lang Göttlichkeit offenbart. Mein Körper reagiert darauf, als hätte eine angenehm kalte Dusche die klebrig feuchte Hitze auf meiner Haut weggespült. Vom Scheitel bis zur Sohle überzieht mich eine Gänsehaut.

Draussen ist das Licht inzwischen ganz weich, zeichnet sich der Mond schon schwach am Himmel ab. Arlette, die zurück ist, hat sich mit der ganzen Kinderschar in den Hof gesetzt. Es wird gesungen, getanzt, getrommelt, gelacht. Osé und Hermas, Arlettes Kinder, sitzen etwas abseits, geniessen, was ihnen ihre Mutter von ihrem Ausflug mitgebracht hat. Frittierte, von Öl triefende Süssigkeiten. Keines der aidskranken Kinder bettelt die beiden darum an. So klein sie sind, so genau wissen sie schon, dass sich ihre Tri-Therapie mit fetthaltigen Speisen absolut nicht verträgt.

Alimata sieht dem Treiben beim Sonnenschirmbaum von ihrem Bett aus zu. Ich lächle sie an, zurück kommt ein abgrundtief leerer Blick. Und genau dieser ist es, der mich zu ihr hinzieht. Ich berühre kurz ihre Hände, frage, ob sie etwas brauche, bekomme ein Kopfschütteln und sonst nichts. Was wurde diesem Mädchen alles angetan? Niemand hier weiss das, denn Alimata lächelt nicht nur nicht, sie spricht auch nicht. Alles, was sie gesagt hat, war, dass sie nicht in einem Zimmer, sondern draussen liegen möchte. Fatoumata, ihre Bettnachbarin, die ihre Mutter sein könnte, nimmt sich des Mädchens an, und Lotti hofft, dass sie die Mauer, die die Fünfzehnjährige um sich herum betoniert hat, aufbröckeln kann.

Ich setze mich neben ihr Bett auf den Boden und kraule «Espoir», der kleinen Katze, die sich schnurrend in meinen Schoss kringelt, den Rücken. Lotti hat sie aufgenommen, damit sie, wenn sie einmal gross und stark ist, den Mäusen hier den Garaus macht. Noch ist sie allerdings so klein, dünn und unglaublich schmutzig, dass sie für die Mäuse wohl keine allzu grosse Gefahr darstellt.

Das sirrende Geräusch, das mich nun drangsaliert, kommt von einer Stechmücke, die mir ans Blut will. Ich stehe auf, um in Lottis Büro den Moskitospray zu holen, der mich – zusätzlich zu den Prophylaxetabletten – vor der Anopheles-Mücke schützen soll, die ausschliesslich bei Dämmerung sticht und Malaria überträgt. Ich öffne ganz leise die Türe, sehe, dass Lotti nach wie vor mit Deborah in den Armen auf dem Bett sitzt. Alleine.

«Wo ist die Tante?»

«Nach Hause gegangen, nachdem Elisabeth wiedergekommen ist.»

«Und wo ist dann Elisabeth?»

«Sie hielt es hier nicht mehr aus, wollte draussen warten.»

Lotti bittet mich, das Tuch, auf dem Deborah lag, geradezuziehen, legt die Kleine ab, streichelt ihr übers Gesicht, meint: «Es dauert nicht mehr lange, dann hat sie es geschafft, warte du hier schnell bei ihr, ich hole das Stethoskop.»

Ich nehme Deborahs Händchen in meine Hände, summe jenes Wiegenlied, das mit den Worten «Schlaf mein Kind, ich wieg dich leise» beginnt, achte auf Deborahs Atem, merke, dass sie jeden dritten Atemzug auslässt, und sehe, dass der Schleim, der sich in ihrem Mund bildet, mit Blut vermischt ist.

Als Lotti zurückkommt, erklärt sie mir: «Dieses Blut könnte ein Hinweis darauf sein, dass Deborah vergiftet worden ist.»

Nachfragen, um die Wahrheit herauszufinden, will sie aber nicht. Und schon gar nicht anklagen. Es ist, wie es ist. Und – davon ist Lotti überzeugt – für Deborahs Seele ist der Tod ihres Körpers im wahrsten Sinne des Wortes eine Erlösung.

Um zehn Uhr nachts hört Deborah zu atmen auf, hört Lotti keine Herztöne mehr. Deborah ging unglaublich still aus dem Leben. Während ich draussen nach ihrer Mutter suche, wickelt Lotti die Kleine noch einmal. Als ich mit Elisabeth zurück bin, setzt sie sich zu ihrer Tochter, streichelt ihr über den Kopf, murmelt ein paar leise, unverständliche Worte, schaut dann Lotti an.

«Was jetzt?»

Lotti antwortet mit einer Gegenfrage: «Was möchtest du?»

Die Mutter möchte Deborah nach Hause tragen und sie am nächsten Morgen irgendwo beerdigen. Lotti weiss, dass dies von Gesetzes wegen verboten ist. Aber sie weiss auch, dass die Mutter weder für den Leichenwagen, den sie jetzt bestellen müsste, noch für einen Sarg Geld aufbringen kann. Weiter weiss sie, dass, wenn die Mutter all dies nicht bezahlen kann, Deborah in die Pathologie kommt und dort als besonders interessanter Fall seziert wird. Es ist klar: Lotti will das verhindern und, falls es nicht anders geht, Elisabeth das nötige Geld geben. Weil sie die Spendengelder aber lieber für die Lebenden einsetzt, kommt sie der Bitte der Mutter nach und nickt.

Ich helfe Elisabeth, das tote, unglaublich schwere Kind auf den Rücken zu binden, und begleite die beiden zur Pforte des Sterbespitals, wo sie, kaum draussen, von der Nacht verschluckt werden. Es ist aber nicht die Dunkelheit alleine, die sie so schnell unsichtbar macht, es ist vor allem Elisabeths Fähigkeit, nicht aufzufallen.

Es wäre übertrieben, zu sagen, dass mich dieses Bild, wie Mutter und Kind sich im Nichts auflösen, verfolgt, denn es hat nichts Grauenvolles. Aber ich werde es als etwas unendlich Trauriges in Erinnerung behalten. Und doch: Dass die kleine Deborah ihre letzte Reise auf dem Rücken ihrer Mutter antreten kann, hat bei aller Trauer auch etwas Tröstliches.

Monate später wird mir eine Freundin, die vor Jahren ihr Baby, das an einem nicht operierbaren Herzfehler litt, verlor, erzählen, dass sie genau das hatte tun wollen: Laura, die kurz vor ihrem ersten Geburtstag starb, aus dem Spital nach Hause tragen und dort Abschied nehmen, dort den Schmerz mit allen teilen.

Eine Stunde später kramt Lotti zum zweiten Mal in ihrem Papierstapel und holt einen Text hervor, den sie vor vier Jahren geschrieben hat. Damals wurde sie zum ersten Mal damit konfrontiert, einer Mutter ihr totes Baby auf dem Rücken mit nach Hause geben zu müssen, und hat sich dabei in deren Lage versetzt:

Mein Baby ist tot, mein kleines Mädchen, sechs Wochen alt, mit seinen grossen Augen, seinen zarten Haaren, seinen Ohren aus Samt und seinen kleinen Fingern, die sich so oft an meinen festhielten, ist tot. Wie nur ist es möglich, dass ich heute genötigt werde, es auf meinen Rücken zu binden, genau so wie ein lebendes Kind?
Aus den durch seine Arbeit blind gewordenen Augen meines Mannes kommen heisse Tränen. Ich kann ihn ebenso wenig trösten wie er mich.

Warum hat er sein Augenlicht verloren? Warum unsere Tochter ihr Leben? Warum musste ich dieses einzige Glück, das ich habe, diese Freude, diesen Reichtum, dieses Wissen darum, dass mein Erstgeborenes mich überleben wird, verlieren?
Weil ich arm bin! Weil ich in Afrika geboren wurde! Weil ich schwarz bin!
Das sind die Gründe, warum wir nicht einmal die Mittel haben, unser kleines Mädchen richtig zu beerdigen! Warum uns nichts anderes bleibt, als ein kleines Loch zu buddeln, irgendwo auf einem freien Stück Erde, um unserer Tochter wenigstens ein Grab zu geben!
Es erschien mir immer, Gott liebe die Armen, es erschien mir immer, Gott habe selbst erlebt, was es heisst, zu leiden.
Weiss er, wie es sich anfühlt, die eigene kleine Tochter auf dem Rücken zu tragen, tot und nicht vor Leben strotzend?
Ich – gestern noch siebzehn, bin heute um hundert Jahre gealtert.

Montag, 8. März

Die Fragen, die mich bereits um fünf Uhr aus dem Schlaf reissen, sind zahlreich: Was tue ich mit der Erkenntnis, wie privilegiert ich lebe? Was mit der Armut, die ich hier erfahre? Wo ist meine Revolution? Woraus schöpft Lotti ihre Kraft? Woher kommt ihre Energie, Tag für Tag von früh morgens bis spät in der Nacht unterwegs zu sein und ohne Unterlass zu geben? Leise gehe ich unter die Dusche, geniesse jeden einzelnen Tropfen des kalten Wassers. Dann fülle ich die drei Kessel, die unter dem Lavabo stehen, damit wir uns heute Abend wenigstens einer Katzenwäsche unterziehen können. Noch vor einem Jahr war Wasser hier kein Problem. Doch inzwischen haben die vielen Kriegsflüchtlinge aus dem Norden, die nach wochenlangen Fussmärschen im Slum ankommen und hier Unterschlupf suchen, die Wassersituation verschärft. Was tue ich mit der Selbstverständlichkeit, mit der ich zu Hause zu jeder Tages- und Nachtzeit bade, dusche, den Garten spritze? Die Selbstverständlichkeit, mit der die Menschen hier diese ungerechte Verteilung hinnehmen, verblüfft mich immer wieder.

Ich schlüpfe in meine Turnschuhe, höre Lotti in ihrem Zimmer rumoren, klopfe an ihre Türe und sage: «Ich gehe spazieren, um ein paar Fragen aus dem Kopf zu kriegen.»

Ich nehme kleine Wege, die ich bis jetzt gemieden habe, treffe überall auf freundliche Wünsche zu einem guten Tag, auf «Bonjour» und auf sympathisch lächelnde Gesichter. Ich komme an einer Schule vorbei, an deren Aussenwand mit weisser Farbe hingemalt wurde, dass, wer hier hinpinkelt, vier Franken Busse bezahlen muss. Ein Vermögen. Davor spielen Kinder mit Schnüren, leeren Konservendosen, Bananenschalen und kaputten Pneus. Ein Mädchen sitzt stolz wie eine

Prinzessin auf einem Fahrrad, das weder Hinter- noch Vorderrad hat, ein anderes trägt auf seinem Kopf eine mit Kieselsteinen gefüllte Sardinenbüchse. Als ich beim Fussballfeld, einem von Abfallbergen umgebenen Platz mit zwei sehr zerschlissenen, behelfsmässig zusammengezimmerten Toren, ankomme, sehe ich ein Schild, das früher nicht dastand. Mit einem Pflock wurde es in den Boden gerammt. Weiss auf schwarz, mit Kreide auf Schiefer, steht dort die Warnung: «Interdit de jeter les ordures sur le terrain pour peine d'amande coup de points». Wörtlich übersetzt: Wer hier Abfall deponiert, bekommt es mit Mandeln und einem Schlag mit Punkten zu tun. Nun, wer immer dieses Schild gekritzelt hat, es zeigt, dass Französisch hier die Sprache der einstigen Kolonialmacht ist, gemeint war vermutlich: «pour peine d'amende coups de poing» – als Strafe drohen Schläge mit der Faust.

Wieder auf der grossen Strasse, zupft mich ein kleiner Junge von hinten an der Hose. Ich drehe mich um und erkenne ihn an seinem Lachen. Ein Lachen, das ich bei meinem ersten Besuch mit der Kamera festgehalten habe, ein Strahlen, das schlicht einzigartig ist. Ich beuge mich zu ihm hinunter, frage, wo seine Mutter sei. Er führt mich zu ihr. Sie ist gerade damit beschäftigt, einen kleinen Stand mit Süssigkeiten aufzubauen, und freut sich sehr, als ich ihr sage, dass ich ihr noch heute ein Bild ihres Sonnenscheins vorbeibringen werde.

Als ich Lotti beim Frühstück treffe, ist sie mit einem alten Mann in ein Gespräch vertieft. Es handelt sich wohl um den Moslem, von dem sie mir schon erzählt hat und mit dem sie oft lange philosophische Gespräche führt. Ein Greis, der an einem Stock geht und in seinem sauberen blauen Kleid mit den gelben Bordüren nicht ganz so arm wirkt wie viele andere hier. Die Würde, die er ausstrahlt, und seine Jahre machen ihn zu einem Weisen. Er, das wird schnell klar, hält grosse Stücke auf «Madame Lotti» und geniesst es, mit einem belesenen Menschen zu diskutieren. Lotti macht uns miteinander bekannt und erzählt ihm schmunzelnd, ich hätte viele Fragen, die mit Warum begännen. Er empfiehlt mir, keine Fragen zu stellen, sondern auf Gott zu vertrauen. Er schaut mich eindringlich an, sagt: «Tout ce que Dieu fait est bon.» Ein Satz, den ich hier schon x-mal gehört und gelesen habe und der von Christen ebenso proklamiert wird wie von Moslems und Evangelisten. «Alles, was Gott macht, ist gut.» Worte, die, das wird mir jetzt, wo ich sie aus seinem Mund vernehme, klar, nicht von Fatalismus zeugen, sondern von dem unendlich tiefen Vertrauen, dass eines Tages alles seinen Sinn bekommen wird.

Lotti geht nach dem Frühstück direkt ins Ambulatorium, wo heute die «cas sociaux», die Sozialfälle erwartet werden. Menschen, deren Hütten weder über eine Glühbirne noch ein Radio oder gar einen Kühlschrank verfügen und die zum Kochen kein Gas, sondern offenes Feuer benutzen. Sie werden im Ambulatorium nicht nur gratis behandelt, sondern bekommen auch Milchpulver, Teigwaren, Mehl und Reis mit nach Hause. Ich entscheide mich, nicht ins Ambulatorium zu gehen, sondern ins Sterbespital, möchte auf dem Weg das Foto des kleinen Strahlemannes abliefern. Ich finde ihn am Rockzipfel seiner Mutter hängen, knie mich zu ihm runter, gebe ihm das Bild und verwandle damit sein Strahlen in null Komma nichts in ein weinerliches Zwanzig-nach-acht-Gesicht. Es dauert eine Weile, bis mir klar wird, dass der Bub noch nie in seinem Leben eine Fotografie von sich gesehen hat. Seine Mutter tröstet ihn lachend, nimmt ihm das Bild aus der Hand, schaut es lange an und versorgt es dann sorgsam in den Falten ihres Kleides.

Im Sterbespital empfängt mich ein weinendes Quartett. Emanuel, Christ, Willy und sogar der kleine Mohamed sind aber nicht einfach traurig, sondern vor allem entrüstet. Den Grund dafür sehe ich eben hinter Lottis Bürotüre verschwinden. Ein grosses Tretauto aus Plastik. Ein Auto, vier Kinder, das ist auch hier ein Garant für Streitereien. Streitereien, zu welchen Solange, das Kindermädchen, heute ganz offensichtlich nicht die geringste Lust hat. Der Einzige, der das Leben momentan zum Jauchzen schön findet, ist Antoine, der wippend in einem an einer langen Feder an der Decke befestigten Stoffsitz hängt und dabei hin und her zappelt wie ein Fisch an der Angel. Die Tränen der vier Streithähne trocknen schnell, als ich das Fotoalbum, das ich mitgebracht habe, öffne. Flugs sitzen zwei rechts und zwei links von mir und können sich an den Bildern von ihnen, vom blinden Felix, von Arlette, Solange und all den anderen kaum satt sehen. Erst als das Album zum zehnten Mal von hinten nach vorne und von vorne nach hinten durchgeblättert ist, haben sie genug und marschieren auf mehr oder weniger sicheren Beinen zur Duplo-Kiste, die Solange als Alternative zum Auto bereitgestellt hat.

Ich lege das Album auf den Esstisch und freue mich, dass es die nächsten Tage ständig in irgendwelchen Händen liegt. Nie hätte ich mir träumen lassen, welche Freude ich den Menschen mit den Bildern bereiten würde.

Alimata schläft, Mamadou, Monsieur Konatés Sohn, auch. Und Noël? Der hübsche Junge, der gestern nach Arlette fragte, liegt heute nicht mit Shorts und T-Shirt, sondern mit langen Hosen samt Gürtel und langärmligem Hemd auf seinem Bett. Nachdem Lotti heute Morgen die Kleinen geweckt hat, damit sie auf die Minute pünktlich ihre diversen Medikamente gegen Aids bekommen, hat sie sich Noël gewidmet, ihn gewaschen und eingekleidet. Er bat um lange Hosen und Hemd, damit man nicht sieht, wie dünn er ist. Ich gehe zu ihm hin, frage, ob ich mich aufs Bett setzen dürfe, bekomme erst ein Nicken und dann ein breites Lächeln. Noël möchte wissen, wie es mir geht.

«Gut, es geht mir gut. Und dir? Du siehst heute besonders schön aus.»

«Danke. Es geht mir auch gut.»

Ich frage ihn, ob er gestern, Sonntag, Besuch bekommen habe, und er meint: «Nein, gestern ist niemand vorbeigekommen, aber das ist egal, denn ich brauche hier gar keinen Besuch. Ich bin gerne hier, weisst du, es ist mein neues Zuhause.»

Obwohl wir nicht mehr reden, bleibe ich sitzen. Nicht weil ich denke, dies bringe ihm etwas, sondern weil ich fühle, wie gut mir seine Ruhe tut. Und damit wäre zumindest eine meiner vielen Fragen beantwortet, nämlich die, woher Lotti ihre Energie nimmt. Einmal schrieb sie mir dazu:

Glaub mir, ich bekomme mehr, als ich gebe. Im Sterbespital durchfluten mich Gefühle von Liebe, Zärtlichkeit und Licht. Früher habe ich mich oft gefragt, woher dieses Strahlen kommt. Heute weiss ich es. Hoffnungsvoll wird hier gelächelt, zärtliche Blicke werden ausgetauscht, liebe Worte werden gesprochen. Eine unendliche Dankbarkeit erfüllt mich, hier sein zu dürfen.
Hier spüre ich die Gegenwart von Gott. Ich sehe ihn im Lächeln von Emanuel, fühle ihn am Bett von Aimé, erkenne ihn in den Gesten des blinden Felix. Und wenn ich Sterbebegleitung mache, dann dünkt es mich manchmal, Gott sitze an der anderen Bettseite. Ich weiss, dass er nicht sauer auf mich ist, weil ich am Sonntag nicht in der Kirche hocke. Mein Platz ist hier.

Weil Lotti einst sagte, dass die Kranken eine Fussmassage schätzen, frage ich Noël, ob er eine haben möchte.

Noël schaut mich an: «Wenn es dir nichts ausmacht, gerne.»

Nein, es macht mir nichts aus. Heute nicht. Gestern noch reichte meine Kraft nur dafür, tröstend Hände und Arme anzufassen, deren Knochen spitz und kalt direkt unter der trockenen Haut liegen. Aber heute finde ich den Mut, einen Schritt weiter zu gehen. Ich stehe auf, um in der kleinen Apotheke die giftgrüne Massagecreme zu holen. Ihr wärmender Effekt verwandelt Noëls eiskalte Füsse schon bald in angenehm warme und meine eh schon heissen Hände in glühende Kohlen. Als beide Füsse von den Zehen bis zur Ferse massiert sind, offeriere ich noch eine Handmassage. Noël winkt ab: «Es ist genug, danke, ich werde jetzt ein bisschen schlafen.»

Bevor ich das Zimmer verlasse, setze ich mich noch zu Felix aufs Bett.

«Goooby?», fragt er.

«Ja, ich bins, wie geht es dir Felix?»

«Danke, es geht mir gut. Heute Nacht habe ich bestens geschlafen, das kommt nicht häufig vor. Weisst du, die Falten im Leintuch stören mich oft.»

Ich weiss es, schon mehrmals habe ich beobachtet, mit welcher Achtsamkeit er sein Laken glatt streicht. Im gleichen Masse, wie seine Sehfähigkeit abgenommen hat, muss sein Tast- und Spürsinn zugenommen haben, anders ist seine Empfindlichkeit, was Falten angeht, nicht zu erklären. Nachdem ich mich von ihm verabschiedet habe, gehe ich ins Ambulatorium, um Adelaide, die Breimutter, Monsieur David, den Apotheker, und Emmanuel, den Ruander, der am Empfang arbeitet, zu begrüssen. Auf dem Weg dorthin begegne ich den drei Hühnern, die Lotti früher regelmässig schier überfuhr. Meiner Meinung nach zumindest. Sie sah es immer etwas anders, lächelnd erinnere ich mich an ihre Worte: «Reg dich ab, so wie ich hier noch nie in einen Unfall geraten bin» – was an sich schon an ein Wunder grenzt! –, «so werde ich nie ein Federvieh auf dem Gewissen haben. Nicht mal dann, wenn ich ungestillten Appetit auf Hühnerragout verspüren sollte!» Nun, sie scheint Recht behalten zu haben, den drei Hühnern geht es allem Anschein nach gut, sie haben noch nicht mal ihren Standort gewechselt und sogar für Nachwuchs gesorgt. Vier Küken, grau vor Schmutz.

Im Ambulatorium herrscht Hochbetrieb. Adelaide steht, mit straff zurückgekämmtem Haar, in der Breiküche und referiert darüber, was gut ist für den Nachwuchs und was nicht. Als sie mich sieht, macht sie drei grosse Schritte auf mich zu. Umarmt mich herzlich, lässt mich los und zeigt ein Lachen, das sich bis unter ihre Haarwurzeln zieht. Nachdem sie «Bonne arrivée» gewünscht hat, ist sie allerdings auch schon wieder fort, stürzt händeringend auf eine junge Frau zu, die mit zwei Bündeln im Arm am Tor steht. Adelaide dreht sich nach mir um und gibt mir ein unmissverständliches Zeichen, ihr zu folgen. Was ich besser tue, denn so warmherzig Adelaide auch ist, so burschikos und bestimmt ist sie. Muss sie auch sein, wie sonst hätte sie als Witwe sieben Kinder durchbringen und all die vielen Mütter im Slum so gut über Hygiene aufklären können. Die Bündel stellen sich als winzig kleine, locker in viel Stoff eingebundene Neugeborene heraus, die keine Woche alt sein können. Adelaide drückt mir eines in die Arme und zerrt die junge Frau Richtung Mütterberatungsecke. Dort scheucht sie alle vom Wickeltisch weg, fordert uns auf, die zwei Fliegengewichte abzulegen. Dann redet sie auf Djoula, eine der vielen Landessprachen, die hier gesprochen werden, auf die junge Frau ein und schimpft dabei ganz offensichtlich ununterbrochen.

Die Zwillinge waren in einem Spital zur Welt gekommen, aus dem man die Mutter vierundzwanzig Stunden später nach Hause entliess, wo sie kurz darauf verstarb. Die Verwandten baten Adelaide um Hilfe. Sie brachte Milchpulver und Schoppenflaschen und erklärte, wie man damit umgeht. Sie hat vorgehabt, heute Nachmittag noch einmal vorbeizuschauen, und versteht nun nicht, warum die junge Frau die beiden Winzlinge durch die sengende Sonne ins Ambulatorium getragen hat. Als die dann aber erklärt, die beiden würden den Schoppen nicht akzeptieren, lobt Adelaide sie.

Nun wiegt sie erst den einen, dann den anderen Buben und legt dabei die Stirn in tiefe Falten. Der eine von beiden ist deutlich untergewichtig und ganz offensichtlich auch nicht so aktiv wie sein Bruder, der, so klein und zart wie er ist, sich nach Kräften anstrengt, endlich etwas zu finden, das seinen Hunger stillen könnte. Unablässig macht er mit seinem Mund leise schmatzende Sauggeräusche, dreht seinen Kopf hin und her und rudert mit Ärmchen und Beinchen durch die Luft. Nachdem Adelaide beiden Fieber gemessen hat, packt sie sie wieder in die Tücher, legt mir das aktivere der frisch geschnürten Bündel in die Arme, nimmt das andere und weist die junge Frau an, uns zu ihrer Hütte zurückzuführen.

Nach einer guten Viertelstunde Fussmarsch kommen wir zu einer dieser typischen Behausungen. Neun Bretterverschläge sind um einen rechteckigen Hof angeordnet, in dem ein Sodbrunnen und eine Feuerstelle stehen. In jedem der Bretterverschläge lebt eine Familie mit oft bis zu acht Personen. Und für all diese Menschen steht in einer

Ecke eine einzige Latrine. Und weil die niemand putzt, stinkt es. Monsieur Grogba kommt mir in den Sinn, den Lotti mir einmal vorgestellt hat und der in der Notdurft der Menschen eine Marktlücke entdeckte: Latrinenputzer. Wir streifen die Schuhe ab, betreten die Hütte durch einen mit einem Tuch verhängten Eingang, kommen in einen dunklen Raum. Auf einer unbezogenen, fleckigen Schaumstoffmatte liegen zwei ältere Menschen, daneben versucht ein Kind mit einer Plastikschüssel und zwei Schoppenflaschen einen Turm zu bauen. So eng die Behausung ist, so aufgeräumt ist sie. In der einen Ecke die Kochutensilien, in der anderen ein paar wenige Kleider. Auf dem Boden kein Sandkorn. Die Hitze staut sich wie in einem Backofen. Kein Luftzug. Ich spüre, wie mir der Schweiss ausbricht, gehe raus, setze mich an die Bretterwand und warte dort, bis Adelaide mit zwei frisch präparierten Schoppenflaschen herauskommt und mir eine davon überreicht. Mit kleinen, kräftigen Zügen saugt «mein» Zwerg die Milch, verschränkt dabei seine Händchen, legt die Füsschen übereinander. Dass das, was oben reingeht, kurz darauf die Tücher nässt, stört ihn genauso wenig wie mich. Im Moment gibt es nur eines: weitermachen, bis kein Tropfen mehr übrig ist. Leider will genau dies seinem schwächeren Bruder, der in den Armen seiner Tante liegt, nicht recht gelingen. Aber Adelaide gibt nicht auf, ermuntert beide weiterzumachen, erklärt, instruiert, lobt, drängt, und schliesslich ist immerhin die Hälfte der Flasche leer. Bevor wir losgehen, erklärt Adelaide abermals, wie und wann die nächste Mahlzeit verabreicht werden soll, dass die Schoppenflaschen, auch wenn sie nicht leer geworden sind, ausgewaschen und ausgekocht werden müssen und dass für die Zubereitung des Milchpulvers sauberes Wasser verwendet werden muss. Sie verspricht, morgen wieder zu kommen.

Auf unserem Weg zurück schaut Adelaide bei zwei weiteren Familien zum Rechten. Das heisst, es sind keine Familien, sondern zwei junge Mütter, die von den Vätern ihrer Kinder verlassen worden sind und die positiv sind. Adelaide hatte den beiden erklärt, dass jedes Neugeborene einer aidspositiven Mutter HIV-Antikörper von ihr hat und der Test deshalb positiv ausfällt. Diese passiv übertragenen Antikörper werden in wenigen Monaten abgebaut. Nur wenn auch HI-Viren übertragen worden sind und sich im Kind vermehren, wird dieses selber Antikörper bilden, welche dann langfristig bestehen bleiben und die Infektion widerspiegeln. Wichtig ist, dass die Mutter das Kind nicht stillt, da Aids über die Muttermilch übertragen werden kann. Die beiden Frauen haben auf das Stillen verzichtet. Damit geben sie den Kindern eine Chance, gesund zu werden, gleichzeitig gehen sie aber auch das Risiko ein, von der Gemeinschaft verstossen zu werden. Es hat sich längst herumgesprochen, was mit Frauen los ist, die ihren Kindern nicht die Brust, sondern die Flasche geben.

Als wir gehen, meint Adelaide: «Angela, die ältere der beiden Mütter, wird am Mittwoch kommen, um ihr achtzehn Monate altes Kind bei uns testen zu lassen.»

Dann erzählt sie, wie es ihrem Sohn Rodolphe geht. Der Achtzehnjährige war letzten Juni von einem Auto angefahren worden, dessen Lenker – wie hier üblich – Fahrerflucht beging. Dank Lottis Hilfe konnte er ins Spital eingeliefert werden und bekam dort den ganzen Oberkörper eingegipst. Hätte Lotti die finanziellen Mittel nicht aufgebracht, wäre der Junge nicht behandelt worden. Wer bei seiner Einlieferung kein Geld hat, wird schlichtweg nicht behandelt. Auch dann nicht, wenn er unter den Augen der Ärzte stirbt.

Bevor wir im Ambulatorium ankommen, lade ich Adelaide zu einem «Geschäftsessen» auf dem Nachtmarkt ein. Und zwar, wie mit Lotti abgemacht, übermorgen. Lotti und ich haben lange hin und her überlegt, welcher Abend für alle der beste sei. Dass weder Monsieur Konaté noch Arlette dabei sein werden, da Ersterer Nachtwache hat und Letztere die Kinder hüten muss, macht mich jetzt schon traurig.

Adelaide macht grosse Augen: «Ein Geschäftsessen? Auf dem Nachtmarkt? Wir? Warum?» Dabei lächelt sie hochzufrieden und so, als wüsste sie die Antwort schon.

«Weil ich euch alle sehr mag und weil ich euch Danke sagen möchte, für das, was ihr leistet.»

Kurz bevor wir beim Ambulatorium ankommen, meint sie noch: «Vielleicht haben wir dann ja auch etwas zu feiern.»

Ich weiss, was sie damit meint, das Testresultat von Angelas Kind.

Lotti sitzt in ihrem Sprechzimmer. Vor ihr eine Frau, deren Mann vor ein paar Wochen gestorben ist und dessen Bruder, bei dem sie nun wohnt, sie krankenhausreif geschlagen hat.

Lotti dreht sich zu mir um: «Es sind die Frauen, die leiden. Immer wieder sind es die Frauen.»

Die Witwe, die kam, um Lotti ihre Misere zu erzählen, hat eine drei Monate alte Tochter und einen drei Jahre alten Sohn. Und sie hat Mumm. Auf eine entsprechende Frage Lottis erzählt sie, dass sie ihren Schwager angezeigt habe. Seither sei er auf der Flucht.

«Bloss», erzählt sie weiter, «sollte er eines Tages zurückkommen, wird er über die Anzeige dermassen wütend sein, dass ...»

Lotti fragt, ob sie jemanden kennt, bei dem sie wohnen könnte. Aber sie will nicht mehr bei jemandem wohnen, sie will zurück in ihr Heimatland. Zurück nach Ghana. Der Bus fährt von Treicheville aus, einem Quartier Abidjans, das hat sie abgeklärt. Die Reise, auch das weiss sie, dauert zwei Tage. Sie ist hier, weil sie sich von Lotti die Reisespesen erhofft. Lotti stellt in Aussicht, ihr diese zu geben, drängt aber darauf, dass sie sich die Sache wirklich gut überlegt, denn falls sie das Geld anderweitig brauche, bekomme sie von ihr nie eine zweite Chance, doch noch in ihre Heimat zurückzukehren. Die Frau nickt, sagt, das verstehe sie und sie komme morgen wieder, wenn sie die Reise definitiv vorbereitet habe. Das Geld möchte sie erst dann.

Nachdem sie rausgegangen ist, kommt ein junger, sehr muskulöser Mann in einem ärmellosen Overall und mit einem roten Helm unter dem Arm in Lottis Sprechzimmer. Es ist der Bruder von Marcel, der im Sterbespital im Männerzimmer liegt und dessen eiternde Wunde den Verband gelb und rosa nässt. Weil er Arbeit hat, möchte er Lotti für ihre Bemühungen um seinen Bruder etwas bezahlen.

Sie winkt ab: «Im Sterbespital wird jeder und jede gratis behandelt, wenn du für mich etwas tun willst, dann lass dich testen, damit wir wissen, ob du dieselbe Krankheit wie Marcel hast. Finden wir das jetzt schon heraus, können wir dich mit Sulfonamiden vor eventuellen Infektionen schützen. Weisst du, Sulfonamide hätten auch Marcel vor dieser schlimmen Infektion an seinem Bein schützen können, so kräftig, wie er noch ist. Überlege es dir bitte gut.»

Der Mann verspricht, darüber nachzudenken, bedankt sich dann herzlich bei Lotti, drückt ihre Hand so, dass sein Bizeps deutlich grösser wird, und schreitet hinaus. Sein wohlgeformter Oberkörper zeichnet sich unter dem eng anliegenden Overall ab. Beim Gedanken, dass ein dermassen vor Kraft strotzender Körper durch die Fahrlässigkeit eines einzigen ungeschützten Geschlechtsverkehrs in ein lebendes Skelett verwandelt werden kann, wird mir übel. Vielleicht ist es aber auch die gnadenlose Hitze, die mir zusetzt. Oder der Hunger. Mit Lotti, die nur einmal am Tag warm isst, wenn überhaupt, und ansonsten von ihrem Frühstück am Kiosk lebt, vergisst man leicht zu essen.

Gerade als ich in mein Zimmer gehen will, um dort ein paar Crackers zu essen, läutet Lottis Handy. Sie drückt es mir in die Hand: «Ich habe keine Zeit, sag doch bitte, ich sei später wieder zu erreichen.»

Keine Frage, Lotti beginnt mich einzusetzen. Ich drücke auf den Annahmeknopf und habe Aziz am Ohr. Ganz offensichtlich freut er sich, mich zu hören, und so stelle ich ihm gleich die Frage, ob ich ihn in Kairo besuchen dürfe.

«Selbstverständlich», tönt es aus Ägypten.

Also gehe ich aufs Ganze: «Wie wäre es nächsten Monat?»

«In den ersten zwei Wochen ist das gut möglich, danach bin ich auf Geschäftsreise.»

Und weil man das Eisen schmieden soll, solange es heiss ist, melde ich mich nach meiner Rückkehr aus Abidjan sofort bei ihm, schlage den fünften April vor und bekomme kurz darauf die Antwort, dass es ihm am siebten besser passe. Das nächste Schreiben offenbart dann auch gerade das, was Lotti mir schon längst über ihren Mann erzählt hat, nämlich, dass er zu organisieren weiss.

Reise nach Kairo

Gabriella, wenn du am 7. April 2004, hoffentlich pünktlich, um 14.45 Uhr gelandet bist, dann brauchst du zuerst einmal ein Visum für die Einreise. Das löst du aber besser nicht in Zürich, sondern am Flughafen in Kairo. Ich werde jemanden schicken, der dich vor dem Zoll mit einem Schild ‹G. Baumann-von Arx› abfängt, diesem Jemand übergibst du fünfzehn US-Dollar und deinen Pass, er wird das Visum für dich besorgen und dich dann durch den Zoll schleusen. In der Ankunftshalle wird dich wieder jemand mit einem Schild empfangen. Dieser Jemand heisst Hichem, ist mein Chauffeur und eine Seele von einem Menschen. Hichem wird dich erst nach Hause fahren, dich auspacken lassen, dich dann zu Sarahs Schule fahren, damit du von dort aus mit ihr heimgehen kannst. Dann lernst du nicht nur unsere Kleinste, sondern gleich auch noch ihren Schulweg kennen. Hichem wird weiterfahren, um mich bei Nestlé abzuholen.

Den Abend verbringen wir zu dritt beim Chinesen. Das Programm für die nächsten Tage steht auch schon, lass dich überraschen.

Du fragst, ob du uns etwas mitbringen kannst. Ja, bitte. Würste! Cervelats, St. Galler Bratwürste, Salami, Schützenwürste, Schweinswürste. Mach dir keine Sorgen wegen der unterbrochenen Kühlkette – du nimmst sie erst kurz bevor du gehst aus dem Kühlschrank, legst sie in eine Isoliertasche und diese dann in deinen Koffer. Während des Fluges sind sie der Kälte ausgesetzt, und Hichem hat im Auto die Klimaanlage an. Bist du bei uns angekommen, lege die Tasche einfach in den Kühlschrank. Die Küche befindet sich im Parterre. Die Wohnung betrittst du im ersten Stock. Bis bald!

Aziz

Ich traue der ganzen Sache trotz der wohl durchdachten Kühlkettenstrategie nicht recht und lege zur Sicherheit zwei Gefrierelemente in die Isoliertasche. Zum Glück, denn als Hichem mich abholt und aus dem klimatisierten Airport heraus zum Auto führt, empfangen mich zweiundvierzig Grad. Wenigstens ist es, ganz anders als in Abidjan, eine sehr trockene Hitze.

Hichem, ein sympathischer Mann um die vierzig, spricht nicht viel. Ob dies daher kommt, dass Chauffeure mit ihren Passagieren grundsätzlich nicht sprechen sollten, oder ob sein Englisch nicht ausreicht, finde ich so schnell nicht heraus. Er lässt mich im roten Jeep Cherokee auf der Rückbank sitzen. Auf unserer Reise nach Maadi, einem der Nobelquartiere in Kairo, wo Aziz und Sarah wohnen, finde ich den Grund für seine Wortkargheit: Kairoer Verkehr! Das Gewühl auf den Strassen ist so unvorstellbar chaotisch, dass, wer nicht zerbeult daraus hervorgehen will, extrem aufmerksam sein muss. Ab und zu weist Hichem auf Sehenswürdigkeiten wie Moscheen, Regierungsgebäude und auf die Präsidententribüne hin, die sich an einer sehr breiten Strasse befindet. Im Geist sehe ich defilierende Soldaten, die im Gleichschritt über den Asphalt marschieren. Manchmal schaue ich auch ohne Hichems Hinweis nach links und rechts, erkenne, wie zerfallen und grauschwarz die Hochhäuser sind. Aber meist gibt es für mich nur eine Blickrichtung: geradeaus. In ständiger Erwartung einer wüsten Massenkarambolage werden meine Stirnfalten tiefer und tiefer. Doch die Millimeter, die uns rechts und links und vorne und hinten von den anderen Autos trennen, reichen immer «tout juste», um ohne Kratzer davonzukommen.

Während Autofahren in Abidjan eine Herausforderung ist, die man noch annehmen kann, ist Autofahren in Kairo eine, der sich ein Normalsterblicher aus Europa nie und nimmer stellen sollte. Vorschriften gibt es keine! Auf einer zweispurigen Strasse fahren die Autos dreispurig. Und wenn die dritte Spur ins Stocken gerät, wird flugs eine vierte hervorgezaubert. Selbstverständlich auch dort, wo es die Breite der Strasse eigentlich gar nicht zulässt. Überholt wird ständig, und zwar links genauso wie rechts. Mit Aufblenden der Scheinwerfer und ab und zu auch mit der Hupe verschafft man sich selbst dort noch Platz, wo es gar keinen mehr gibt. Die meist arg ramponierten Autos quetschen sich in jede noch so kleine Lücke, die sich im dichten Verkehrsgedränge der Sechzehn-Millionen-Metropole für Bruchteile einer Sekunde auftut. Ampeln, die auf Rot stehen, werden kolonnenweise überfahren, gerade so, als stünden sie auf Grün. Aus Auspuffrohren kommt Rauch, so dicht und schwarz, als würde Gummi verbrannt. Und genau so stinkt es auch. Fussgänger spielen beim Überqueren der Fahrbahnen russisches Roulette. Fussgängerstreifen scheinen selbst an den wenigen Orten, wo es sie gibt, nicht existent zu sein. Ein Blick auf Hichems Stirn zeigt mir, dass ich nicht die Einzige bin, die trotz der Klimaanlage Blut und Wasser schwitzt.

Nach gut einer Stunde werden die Strassen schmaler, gibt es plötzlich blühende Gärten und – hinter dicken Mauern – Villen.

«Maadi», sagt Hichem, «wir sind angekommen.»

Die Familie Latrous wohnt nicht in einer der Villen, sondern in einem Wohnblock. Im Eingang sitzt ein Wächter. Hichem öffnet mir die Tür, überreicht mir den Schlüssel und sagt, er warte draussen auf mich. In gut einer halben Stunde werde er mich dann zu Sarahs Schule fahren. Als ich die Tür hinter ihm ins Schloss fallen lasse, atme ich erst mal durch. Auf dem Boden liegt ein Blatt Papier, darauf ein Pfeil und die Worte: «Your room». Dein Zimmer.

Das Zimmer gehört, da besteht kein Zweifel, Selim. An der Wand hängt ein Bob-Marley-Poster, auf dem Bücherregal steht eine leere Flasche «Flag». Ich bin also nicht die Einzige, die das Bier, das auf dem Nachtmarkt in Adjouffou serviert wird, besonders gut findet. An der Tür hängt ein Schwarzweissfoto einer bildhübschen Indianerin. Darunter wird Häuptling Seattle, ein Cree-Indianer, zitiert, daneben steht die Jahreszahl 1851. Ich lese:

Erst wenn der letzte Baum gefällt,
erst wenn der letzte Fluss vergiftet,

erst wenn der letzte Fisch gefangen ist,
erst dann werdet ihr herausfinden, dass man Geld nicht essen kann.

Ich packe die mitgebrachten Würste aus, staune, wie gross Wohn- und Esszimmer sind, finde die Küche und im Kühlschrank leer geräumten Platz. An der Tür hängt ein Zettel mit Lottis Handschrift. Ein Menüplan für fünf Tage und die Anweisung, wie die von ihr selbst gemachten und dann tiefgefrorenen Spätzli aufgetaut und gewärmt werden müssen.

Später wird mir Sarah lachend erzählen, dass dieser Plan schon sicher drei, wenn nicht gar vier Jahre alt sei und sich inzwischen längst niemand mehr an Mutters Menüvorschläge halte.

Koffer auspacken, Nacken mit kaltem Wasser erfrischen, Tür abschliessen und ab ins Auto. Fünf Minuten später stehe ich vor Sarahs Schule und bin kaum ausgestiegen, als sie schon fröhlich lachend zur Haupttür heraus- und direkt auf mich zukommt. Wir verabschieden Hichem und gehen zu Fuss zurück zur Wohnung.

Sarah ist – das wird sofort klar – eine sehr offene, aufgestellte, energiegeladene und kommunikative Fünfzehnjährige, die die zehn Minuten Fussmarsch dazu benutzt, mir zu erzählen, wie schön es sei, dass die Schule so nahe von zu Hause liege, wie gerne sie Jazztanz mache und wie sehr sie es geniesse, dass bald Wochenende sei. Wochenende? Bald? Es ist doch erst Mittwoch.

Sarah erklärt: «Der höchste Feiertag im Islam ist der Freitag. Wir haben also Freitag und Samstag frei und nicht Samstag und Sonntag.»

Ich schmunzle, deshalb hat mich der Organisator Aziz also gebeten, an einem Mittwoch zu kommen. Ganz offenbar hat er alles so geplant, dass er mich am Donnerstag mit zur Arbeit nehmen kann und dann zwei Tage frei hat.

Zu Hause angekommen, zeigt mir Sarah die restlichen Zimmer. Das ihrer Schwester Sonia, ihr eigenes und das ihrer Eltern. Auf Aziz' Nachttisch stehen Fotos von Lotti, auf Lottis solche von Aziz. Und überall gibt es Bilder der Kinder. Nun, da mich Sarah in den unteren

Stock führt, um mir wirklich alles zu zeigen, erlaube ich mir, mich auch dort länger umzusehen, und erkenne Lotti in jeder Ecke. Die Anordnung der Möbel, die Bilder, die an der Wand hängen, die Teppiche auf dem Parkett, die Andenken an all die Länder, in denen die Familie schon gelebt hat – alles Lottis Handschrift. Auf einem kleinen antiken Beistelltischchen stehen Fotografien in polierten Silberrahmen. Es sind die Fotos der Grosseltern der Kinder und es sind die Hochzeitsbilder von Lotti und Aziz. Verblüffend ist, wie unglaublich jung Lotti damals, mit gerade mal neunzehn Jahren, ausgesehen hat. Wohl auch wegen des noch nicht ganz verlorenen Babyspecks. Unter dem weissen Schleier fallen ihre blonden kerzengeraden Haare offen bis auf ihre Hüften.

Ich zeige Sarah die Würste im Kühlschrank. Sie freut sich königlich, bedankt sich, offeriert mir einen frischen Mangosaft und fragt dann, ob ich Angst vor Hunden hätte. Auf mein Nein hin öffnet sie im Parterre eine Tür, die auf einen kleinen Hinterhof hinausführt, und wird stürmisch von zwei nicht gerade kleinen Hunden begrüsst. Jess, ein brauner Labrador, ist der ältere und grössere der beiden, Noisette ist die jüngere und kleinere und eine Promenadenmischung, deren zotteliges Fell tatsächlich die Farbe einer Haselnuss hat. Jess freut sich riesig, dass Besuch da ist, und lässt sich hinter den Ohren kraulen. Noisette hingegen vermeidet es, in meine Nähe zu kommen.

«Ihr ehemaliger Besitzer hat sie geschlagen, das ist auch der Grund, warum sie heute bei uns lebt.»

Nachdem Sarah die beiden Vierbeiner ausgiebig geherzt hat, fragt sie mich, ob es mich störe, wenn sie schnell die Hausaufgaben erledige. Es stört mich überhaupt nicht, im Gegenteil, es gibt mir Zeit, eine Dusche zu nehmen und die verschwitzten Kleider gegen frische zu tauschen.

Eine Stunde später kommt Aziz, begrüsst mich herzlich, fragt nach meinem Flug und lacht, als ich ihm sage, dass der ein Klacks gewesen sei, verglichen mit der anschliessenden Autofahrt. «Willkommen in Kairo!», meint er und versichert mir, dass Hichem all die Jahre, die er nun schon für ihn arbeite, noch keinen einzigen Kratzer am Auto abgekriegt habe.

«Du kannst dich also entspannt zurücklehnen!»

Ob Hichem ihm wohl gesagt hat, dass ich ab und zu die Luft angehalten und manchmal – ob der Verkehrsdichte und Hichems an die hiesigen Verhältnisse bestimmt perfekt angepasstem Fahrstil – ein paar Mal «ui, ui, ui» vor mich hin gekrächzt habe?

Auf der Fahrt zum Chinesen kann ich mich dann allerdings nicht entspannt zurücklehnen, denn es fährt nicht Hichem, sondern Aziz. Und auch Aziz fährt, positiv ausgedrückt, sehr an die hiesigen Verhältnisse angepasst. Mit Aufblenden der Scheinwerfer und ab und zu auch Hupen quetscht er sich in Lücken rein, und wo eine Ampel auf Rot steht, fährt er, wie alle anderen auch, einfach weiter. Ich zwinge mich, meine Hände nicht in den Sitz zu krallen, und frage, warum hier jeder bei Rot über die Kreuzung fahre. Die Antwort kommt so, als würde mir die Gnade fehlen, Elementarstes zu verstehen: «Wieso sollen wir auf die Ampeln achten, es stehen doch Polizisten dort?»

Wie bitte?

«Aziz! Wenn ich in der Schweiz einen Polizisten bei einer Ampel sehe, dann achte ich doppelt darauf, ob diese schon auf Orange steht. Wenn ich ganz ehrlich bin, bin ich sogar so autoritätsgläubig, dass ich, sobald auch nur der Hauch eines Polizisten vorhanden ist, am liebsten auch bei Grün anhalten würde, um ja keinen Strafzettel einzufahren!»

Aziz lacht und überholt einen gefährlich voll beladenen Lastwagen. Rechts! Selbstverständlich! Nach erfolgtem Überholmanöver meint er trocken: «In Kairo stehen neben jeder Ampel zwei Polizisten und die regeln den Verkehr. Auf Ampeln achtet hier niemand.»

Regeln den Verkehr? Ich sehe sie nur dastehen, Hände in den Hosentaschen und über der Brust eine orange leuchtende Sicherheitsweste.

Aziz erklärt weiter: «Einer von beiden steht ab und zu in der Mitte der Strasse und tut seine Arbeit, der andere hält Block und Bleistift bereit, damit er die Nummernschilder der Autos aufschreiben kann, die nicht anhalten, wenn sein Kollege den Verkehr stoppt.»

Mit dem Bussgeld, werde ich weiter aufgeklärt, wird der Lohn der Verkehrspolizisten bezahlt. Einkassiert wird erst, wenn der Führerausweis verlängert werden muss, was in Kairo alle Jahre wieder der Fall ist.

«Strafzettel bekommt man übrigens auch aus Stadtteilen, durch die man nie im Leben fahren würde, oder solche, die mit einem Datum versehen sind, an dem der Wagen zur Generalüberholung in der Garage war!»

Kairo!

Beim Chinesen angekommen, wird schnell klar, dass dies ein Stammlokal von Sarah und Aziz ist. Die beiden werden herzlich willkommen geheissen und an einen Ecktisch gebeten. Ich bestelle wie sie Frühlingsrollen und Poulet an Zitrone. Zum Trinken teilen Aziz und ich ein Bier. Sarah erzählt von ihrer baldigen Reise nach Tunesien zu ihren zahlreichen Verwandten und dass sie danach noch in die Schweiz zur Schwester und zum Bruder wolle, um die langen Sommerferien dort zu beenden.

«Sonia und Selim», sagt sie, «werden diesmal viel Zeit für mich haben, denn die beiden haben die Zwischenprüfungen an der Hotelfachschule bestanden!»

In ihrer Stimme schwingt Stolz. Sonia, werde ich später von Aziz erfahren, hat sich, als klar war, dass Lotti mehrheitlich in Abidjan leben würde, rührend um ihre kleine Schwester gekümmert.

Wieder zu Hause, gehen wir bald schlafen, weil Aziz am Morgen früh in «seine» Fabrik geht. Er hat mich eingeladen, ihn zu begleiten. Aziz verlässt das Haus um halb sieben, gibt Amel, der Haushalthilfe, die Türklinke in die Hand. Amel, eine junge Ägypterin, die – wie Hichem – schon seit fünf Jahren für die Familie Latrous arbeitet und kein Wort Englisch spricht, wird Sarah wecken, ihr das Frühstück machen und sich, wenn Sarah zur Schule gegangen ist, um Haushalt und Hunde kümmern.

Ich lasse mich auf dem Rücksitz neben Aziz nieder und bitte ihn, so zu tun, als wäre ich nicht da, er solle ruhig die Zeitungen lesen, die Hichem ihm mitgebracht hat. Aziz blättert eine durch und übersetzt mir das Wichtigste. Er liest Arabisch. Als Tunesier spricht er Arabisch, sogar vier verschiedene Idiome, daneben spricht er perfekt Französisch, ein sehr gutes Englisch und ein kleines bisschen Schweizerdeutsch. Er blättert die Zeitung von hinten nach vorne durch und liest von rechts nach links. Er sagt, er wolle über das, was sich im Land tut, aus erster Hand informiert sein, und die erste Landessprache hier sei eben Arabisch. Die zweite ist Englisch, was daher rührt, dass Ägypten zwischen 1882 und 1922 unter britischem Protektorat stand. Während ich Aziz beim Lesen beobachte und dabei immer wieder die für mich absolut nicht entzifferbaren Schriftzeichen bestaune, wird mir wieder einmal bewusst, was unsere Kinder leisten, wenn sie Schreiben und Lesen lernen, und wie schön es ist, wenn Kindern die Möglichkeit gegeben wird, das absolut Unverständliche langsam, aber sicher zu verstehen.

Aziz widmet den News zehn Minuten, dann, als in der Ferne imposant und riesig die drei Gisa-Pyramiden erscheinen, legt er die Zeitungen weg und wird zum Fremdenführer.

«Cheops, Chephren und – die kleinste – Mykerinos, alle um die 4500 Jahre alt, noch heute weiss man nicht genau, wie sie geschaffen wurden. Es gibt mehrere Szenarien, die nach wie vor für heftige Diskussionen und rote Köpfe bei den Wissenschaftlern sorgen.»

Er werde Hichem fragen, ob er auf der Rückfahrt beim ersten der sieben Weltwunder vorbeifahre, dann könne ich aussteigen und bei einem kurzen Augenschein selbst entscheiden, ob ich am Wochenende eine Tour dorthin machen wolle oder nicht. Wobei er sagen müsse, dass die Zeit dazu – bei unserem Programm – eigentlich fehle und Sarah Besuche bei den Pyramiden ohnehin satt habe.

«Aber das besprechen wir später, jetzt werde ich dir erst mal die Fabrik zeigen, und um neun Uhr, wenn ich die erste Sitzung habe, wird Hichem dich nach Maadi zurückbringen.»

Die nächsten zwanzig Minuten fahren wir an imposanten Neubausiedlungen vorbei, die – dank der Kanalisierung des Nils – schön begrünt sind, die aber, und das wird erst bei längerem Hinschauen klar, alle leer stehen. Unbewohnte Satellitenstädte. Für die ägyptische Bevölkerung massiv zu teuer, steht ein dicht bebauter und riesiger Landstrich einfach leer. Zwanzig Minuten lang Niemandsland. Aziz erklärt, die Bauherrschaft komme vor allem aus Saudi-Arabien. Scheichs, die damit rechnen, dass ihre Ölquellen irgendwann versiegen, und die ihren Nachkommen mit diesen Geisterstädten ein späteres Auskommen sichern wollen. Dort, wo der Nil nicht für Wachstum sorgt, ist alles so braungrau wie die Pyramiden. Wüstenland.

Dann kommt wieder Leben in die Gegend, wir nähern uns dem «6th of october industrial estate», dem Industriegebiet des sechsten Oktobers. Hier befindet sich auch die Nestlé-Fabrik, die, wie Aziz erklärt, den Namen «6th of october factory» trägt. Der sechste Oktober, erläutert Aziz, sei für Ägypten ein Nationalfeiertag und habe mit einem Ereignis zu tun, auf welches das ganze Land stolz sei: «Am 6. Oktober 1973, es war der Tag des jüdischen Jom-Kippur-Festes, griff Ägypten die am Suezkanal stehenden israelischen Truppen an. Die Offensive blieb nach einer Woche zwar stecken, hatte jedoch zur Folge, dass der amerikanische Aussenminister Henry Kissinger einen Waffenstillstand zwischen Ägypten und Israel durchbrachte. Dieser führte sechs Jahre später zu einem ägyptisch-israelischen Friedensvertrag, bei welchem Ägypten die 1967 im Sechstagekrieg an Israel verlorene Sinai-Halbinsel zurückerhielt und damit auch den wirtschaftlich so wichtigen Suezkanal.»

Fünf Minuten später, nach einer gut einstündigen Fahrt, kommen wir bei Nestlé an, zeitgleich mit der ersten Schicht Arbeiter, die in Firmenbussen zur Arbeit gebracht werden. Für die rund neunundsechzig Millionen Einwohner Ägyptens produzieren die Mitarbeiter über dreissig Millionen Liter Speiseeis pro Jahr. Dies an sechs Arbeitstagen pro Woche und in drei Schichten. Verantwortlich für den reibungslosen Ablauf und die Qualität zeichnet Direktor Latrous, dessen Name in goldener Schrift auf einem blauen Schild seinen Schreibtisch ziert: «Abdelaziz Latrous». Abdelaziz?

«Ja, mein voller Name ist Abdelaziz und meint übersetzt etwa so viel wie der ‹von Gott Geliebte›, Aziz ist die Kurzform.»

Nachdem der Chef seine Mitarbeiter begrüsst hat, schaut er schnell in seine Mailbox, macht uns einen Kaffee und empfängt seine Sekretärin, die mit einem Klemmbrett unter dem Arm in sein Büro tritt, mit den Worten: «Guten Morgen, Mrs. Khirat, alles okay?»

Worauf sie antwortet: «Nein, es ist viel zu heiss in Ihrem Büro. Wie immer! Wieso schaffen Sie es nicht, die Klimaanlage richtig einzustellen, Mister Latrous?»

In ihrer Stimme schwingt leichte Ungeduld mit. Mit stechendem Schritt geht sie nun zur Anlage und stellt den Schalter mit einem entschiedenen «So» auf volle Kraft voraus. Es wird augenblicklich Winter. Bevor sie wieder zur Tür rausgeht, sagt sie noch, sie sei eigentlich nur gekommen, um den Sitzungstermin um neun zu bestätigen. Aziz nickt, steht auf, stellt den Schalter mit den Worten: «Dieses Spiel spielen wir jeden Tag» wieder auf die Ausgangsposition zurück, geht dann zu einem Schrank, nimmt einen weissen Kittel heraus, zieht ihn an, gibt mir auch einen. Jetzt kommt noch je eine weisse Haube auf den Kopf, und ab ins Produktionszentrum.

Fliessbänder. Stampfende Maschinen. Dröhnende Pressluft. Flinke, unglaublich flinke Hände, die einfüllen, auffüllen, sortieren, einpacken. Aziz macht seinen Kontrollgang, begrüsst die Arbeiterinnen und Arbeiter, nimmt Stichproben, um die Qualität der Verpackungen zu überprüfen, hat hier etwas auszusetzen und da etwas zu loben. Er redet mit allen Produktionsverantwortlichen und führt mich dann von der hell beleuchteten, warmen, relativ lauten Fabrikationshalle in eine halbdunkle, minus fünfundzwanzig Grad kalte, immens grosse und gespenstisch ruhige Eishöhle. Als sich meine Augen an die Dunkelheit gewöhnt haben, erkenne ich vermummte Gestalten, die ihre Hände mit Handschuhen und ihren Kopf mit einer Kapuze schützen.

Die Kälte fällt wie ein weissgrauer durchsichtiger Schleier von der turmhohen Decke auf den Boden. Ein Blick nach oben offenbart, dass das Dach eine kristallene Eisskulptur ist. Auf hohen, mit Frost überzogenen Regalen warten voll gepackte Kartonschachteln darauf, dass die Qualitätskontrolle ihren Inhalt freigibt, um dann in Kühlwagen verladen und ins ganze Land verfrachtet zu werden. Die Männer, die die Kartonschachteln katalogisieren, verschieben, stapeln und beschriften, bewegen sich langsam und bedächtig. Acht Stunden pro Schicht verbringen sie in diesen eisigen Temperaturen, schrecklich! Doch Aziz erklärt, in einem heissen Land wie Ägypten sei nicht die Kälte schrecklich, sondern die Hitze, und führt mich hinaus.

Wir gehen über einen Platz in eine weitere Produktionshalle. War es draussen noch unangenehm warm, ist es in diesem Raum fast unerträglich heiss. In zig Backöfen wird die in riesigen Wannen hergestellte Biscuitmasse zu Waffeln gebacken, die – kaum aus dem Ofen gekommen – maschinell zu Cornets gerollt werden. In einem hinteren Raum wird über offenem Feuer Zucker in Butter caramelisiert und mit gerösteten Nüssen zu Krokant vermischt. Darüber flimmert die Luft. Es riecht – immerhin das – köstlich.

Nun führt mich Aziz noch durch die Kantine, die fabrikeigene Arztpraxis, die Werkstatt, das Labor, in welchem die mikroskopische Qualitätskontrolle durchgeführt wird, und bittet mich schliesslich in ein kleines Zimmer, in welchem fünf Männer die in den letzten vierundzwanzig Stunden produzierte Ware auf Geschmacksnuancen hin testen. Aziz gesellt sich dazu, kostet von Mangoeis über Vanillecornets, Schokoladeneistorten, frisch gebranntem Krokant bis hin zu Wassereis und ist mit allem sehr zufrieden.

In der halben Stunde, die noch bleibt, stellt mir Aziz eine Frau vor, die früher in der Hitze der Biscuithalle arbeitete, bis er in einem Gespräch mit ihr herausfand, dass sie Kältetechnologie studiert hatte. Seither steht sie nicht mehr am Fliessband, sondern als Technikerin dort, wo die Kälte produziert wird. Und zwar als erste Frau. Abdelaziz, das wird schnell klar, ist nicht nur auf diese Vorkämpferin stolz, sondern mindestens ebenso auf ihre Kollegen, die vor drei Monaten mit einem ungläubigen Staunen auf seine Frage reagierten, ob sie sich vorstellen könnten, mit einer Frau zusammenzuarbeiten.

«Eine Frau? In der Technik?»

Sie baten ihren Chef um Bedenkzeit und meinten schliesslich: «Sie ist willkommen!»

Ägypterinnen, erklärt Aziz, würden langsam, aber sicher neues Terrain erobern. Klar ist, dass sie nicht in der minus fünfundzwanzig Grad kalten Höhle arbeiten dürfen und auch nicht in der Nacht. Und damit, meint Aziz, sei er sehr einverstanden, denn: «Der Grossteil unserer Mitarbeiterinnen ist verheiratet und hat Kinder, die tagsüber von den Grossmüttern betreut werden. Es wäre aus den verschiedensten Gründen nicht gut, sie würden nachts arbeiten. Für uns wäre es allerdings ein Vorteil.»

Aziz wartet einen Moment, damit ich «Warum?» fragen kann, und fährt gleich weiter: «Weil Frauen einfach besser arbeiten! Sie sind flinker, interessierter, engagierter, geschickter. Und das sage ich jetzt nicht, um dir zu gefallen, sondern weil es erwiesen ist. In den beiden Schichten während des Tages und vor allem in der Morgenschicht, wo vermehrt Frauen arbeiten, weisen wir eine fünf bis zehn Prozent höhere Leistung aus als während der Nacht! Rechne das mal hoch!»

Aziz lacht übers ganze Gesicht und verabschiedet mich, nachdem wir uns unserer Kittel und Hauben entledigt haben: «Bis heute Abend, und vergiss nicht, dich im Auto zu entspannen!»

Hichem wartet schon, fährt mich zu den Pyramiden. Die Hitze bugsiert mich allerdings ziemlich schnell wieder in den klimatisierten Wagen zurück. Dann gehts nach Maadi zu einem vorgezogenen Mittagsschlaf, der mich schon fast im Auto überwältigen will. Kaum zu glauben, wie schnell ich mich an Hichems Fahrstil gewöhnt habe. Als sich neben uns unter lautem Getöse zwei Autos ineinander verkeilen, bin ich allerdings wieder hellwach.

Die nächsten drei Tage, die ich noch in Kairo weile, bringen vier weitere Autounfälle, in die wir zum Glück nie verwickelt sind, und sie offenbaren, dass Aziz sehr witzig, sehr lebensfroh, sehr intelligent, sehr feinfühlig, sehr kommunikativ, sehr praktisch und sehr besonnen ist.

Aziz füllt die Zeit, die wir haben, gut aus. So machen wir einen kurzen Abstecher in die Wüste, bei welchem mir Monsieur Latrous die Pyramiden von Sakkarah zeigen will. Aziz fährt seinen Jeep Cherokee eigenhändig und sehr gekonnt durch den Sand. An das Fahrgefühl – es ist, als sitze man in einem Boot – muss ich mich allerdings erst mal gewöhnen, komme aber nicht dazu, weil es nach knapp zehn Minuten einen ohrenbetäubenden Knall gibt. Wir steigen aus, sehen Wasser unter der Motorhaube in den Sand laufen. Keine Fata Morgana. Ein geplatzter Kühlwasserschlauch. Und was jetzt?

«Wir können Hichem anrufen, ihn bitten, uns einen Ersatzschlauch zu bringen, und ihn montieren.»

Montieren? Einen neuen Schlauch? Hier? In der Wüste? Wir?

«Wir können», sagt Aziz und kratzt sich dabei am Kinn, «aber auch versuchen, das Ganze gleich jetzt zu reparieren.»

Wie bitte? Der Schlauch weist einen fünf Zentimeter langen Riss auf! Wie um alles in der Welt will ein studierter Maschineningenieur diesen flicken? Noch dazu ohne Werkzeug? Nun, indem er den Motor abkühlen lässt, dann seinen «Für-alle-Wüsten-Fälle-Werkzeugkasten» hervorholt, die beschädigte Stelle rausschneidet und den Schlauch über einen kürzeren Weg vom Kühlwasserreservoir zum Kühlsystem neu verlegt. Nach einigem Gezerre und immer schwärzer werdenden Händen hat Aziz (haben wir!) es tatsächlich geschafft, und wir fahren auf schnellstem Weg zurück in die Zivilisation und dort zu Aziz' Garage.

Später besuchen wir ein mit der Familie Latrous eng befreundetes Ehepaar, das zwei Töchter in Sarahs Alter hat. Ferner haben sie vier Hunde, acht Araberhengste und ein traumhaft schönes Haus. Wir machen einen Ausflug auf den Markt und einen Abstecher in Lottis Kairoer Lieblingslokal, das eigentlich eine Imbissbude ist und tatsächlich sehr gute Poulets grillt. Einen halben Morgen verbringen wir wartend bei Sarahs Zahnarzt, der vor ihren Ferien noch die Spange kontrollieren und einstellen will. Nicht nur dort erlebe ich die selbstverständliche Zärtlichkeit, mit der Aziz sich um Sarah, seine Jüngste, kümmert. Aziz ist ein Vater, der mit seiner Tochter argumentiert, ihr Grenzen setzt, ihr aber auch Freiheiten zugesteht. Ist ein Vater, der Sarah am Abend mit einem Gutenachtkuss verabschiedet und sie am Morgen mit einer Umarmung willkommen heisst. Ein Vater, der damit beginnt, die Fünfzehnjährige loszulassen, und ihr gleichzeitig vermittelt: Ich bin immer für dich da. Bald wird klar, dass Aziz nicht die Mutter ersetzen will – «Muss ich auch nicht, Sarah hat eine Mutter!» –, sondern einfach versucht, ein guter Vater zu sein.

Morgens geniesse ich Aziz' selbst gemachte Crêpes, die mit von ihm eingekochter Erdbeer-Pfirsich-Marmelade gefüllt sind. Die perfekt abgestimmte Säure und Fruchtigkeit bringt mich ins Schwärmen. (Am letzten Tag stehen zwei dick in Zeitungspapier eingeschlagene Gläser Marmelade neben meinem Koffer.)

Bei den Abendessen wird mir klar, dass Lotti, als sie einmal bemerkte, Aziz sei ein sehr guter Koch, noch untertrieben hatte. Sein Couscous war exzellent, und seine «Penne carbonara all'Aziz» sind unvergesslich. Dabei habe ich, als ich sah, dass er eine Büchse «Champignons de Paris» öffnete, erst gedacht, ich würde heute vielleicht lieber auswärts essen gehen. Er sah mir meine Skepsis sofort an und konterte mit seinem lebensmitteltechnologischen Wissen: «Champignons – nur solche aus der Büchse! – sind wie Schwämme und binden das Fett an sich.»

Was, wie sich schon bald herausstellte, bei seiner Carbonara-Sauce mehr als wichtig ist: Für vier Personen nimmt er nämlich nicht nur zweihundert Gramm fein geschnittene Salami, sondern auch noch zweihundert Gramm fein geschnittenen Speck. Salami und Speck werden in drei (!) Esslöffeln Olivenöl und fünfzig (!) Gramm geschmolzener Butter quasi frittiert. Fünf Minuten lang. Danach kommen zweihundertfünfzig Gramm Büchsenchampignons dazu, die in zehn Minuten tatsächlich das meiste Fett in sich aufsaugen. Schliesslich gibt er zwei frisch gepresste Knoblauchzehen, dreissig Gramm geriebenen Parmesan, drei in einen Viertelliter Vollrahm eingerührte Eigelb und vier Blätter frisches Basilikum hinzu.

«Jetzt ja nicht mehr kochen, sonst gibts keine Sauce, sondern ein Omelett.»

Und bei den in Salzwasser gekochten Penne hat der Fachmann auch gleich noch einen Tipp: «Teigwaren, welcher Art auch immer, müssen, nachdem sie al dente gekocht worden sind, mit heissem Wasser gut gespült werden. Nicht nur, damit sie nicht kleben, sondern auch, weil sie – dank der abgespülten Stärke – weniger dick machen.»

Nun, die fertigen Penne carbonara sind so unbeschreiblich lecker, dass ich nur schon bei der Erinnerung daran Fett ansetze.

Meine Zeit in Kairo bringt mir aber nicht nur den Vater, Koch, Automechaniker, Chef und Organisator, sondern auch den Ehemann von Lotti näher. Auf die Frage, ob er mir die Geschichte seiner Liebe erzählen mag, meint er, nachdem er sich wieder und wieder nachdenklich über den Bart gestrichen hat:

«Es war nicht Liebe auf den ersten Blick. Es war zuallererst wohl Zufall, dann jedoch war es ganz offensichtlich Vorhersehung, und schliesslich wurde es Schicksal. Lotti war sechzehn und Au-pair-Mädchen in Genf, ich war sechs Jahre älter und studierte dort Maschineningenieur. Wir frequentierten dasselbe Café, kennen gelernt haben wir uns, weil der einzige freie Stuhl im Lokal einer an ihrem Tischchen war. Wir kamen ins Gespräch. Ihr Französisch war damals noch sehr holprig. Meine Kollegen rieten mir, mich nicht allzu lange mit einer Deutschschweizerin aufzuhalten. Ich tat es doch. Mich faszinierten nicht ihre hüftlangen blonden Haare, auch nicht ihre Augen, die die Farbe von Kornblumen haben. Es war die Art, wie ihre Gesichtszüge all das auszudrücken vermochten, was sie nicht sagte.

Ich fühlte mich wohl bei ihr, fühlte, dass sie mich ebenso gerne wieder sehen würde wie ich sie. Ich fragte ihre Au-pair-Familie, ob man einverstanden wäre, wenn Lotti und ich uns ab und zu träfen. Man war. An den Tagen, an denen Lotti Ausgang hatte, brachte ich sie jeweils mit dem letzten Bus nach Hause. Dass ich danach nicht mit dem für mich viel zu teuren Taxi zu meiner fünf Kilometer weit entfernten Baracke, die ich mit italienischen Gastarbeitern teilte, fuhr, sondern den Weg bei Regen, Schnee und Eis zu Fuss zurücklegte, verschwieg ich ihr. Wir sahen uns so oft wie möglich, was angesichts der Tatsache, dass ich mir mein Studium selbst verdienen musste und erst noch den Anspruch hatte, einer der Besseren zu sein, nicht allzu oft gewesen wäre, wenn Lotti nicht so intensiv meine Nähe gesucht hätte. Ich genoss es, dass sie bei jedem Spiel des Fussballclubs Meyrin, welcher mich finanziell unterstützte, weil ich als Linksfüsser ab und zu ein Überraschungsgoal schoss, dabei war. Freute mich, wenn sie, währenddem ich über Büchern brütete, in meinem Zimmer sass und las. Sogar während meiner Nachtschicht an der Tankstelle wusste ich sie in meiner Nähe. Unsere Liebe entwickelte sich rasch, wurde stärker und stärker, irgendwann wusste ich, Gefühle in dieser Intensität habe ich noch nie empfunden.

Dann starb mein Vater, und ich musste Lotti mitteilen, dass ich nach Tunesien zurückkehren müsste, um für meine Mutter da zu sein. Weil Lotti auf ihre Lehre verzichtete und mir half, meine Mutter von der Schweiz aus finanziell zu unterstützen, konnte ich bleiben.

Wir waren bereits sechs Monate zusammen, als ich ihre Eltern kennen lernte. Lotti hätte den Augenblick vielleicht noch etwas länger hinausgezögert, aber ihre Mutter wollte ‹Jimi Hendrix› – Lotti hatte ihr von meiner Ähnlichkeit mit ihm erzählt – kennen lernen und handelte. Es war Weihnachten, und Lotti fuhr über die Festtage nach Hause. Ihre Mutter rief mich im Geheimen an und fragte mich, sie konnte ein bisschen Französisch, ob ich Heiligabend mit ihnen verbringen wolle, sie habe vor, Lotti, die mich unendlich vermisse, zu überraschen. Ich nahm den Zug nach Zürich und freute mich auf mein ‹Blind Date› mit meiner zukünftigen Schwiegermutter. Sie stehe, sagte sie, mit einem Schirm am Arm und in einem langen dunklen Mantel am Gleisende, direkt neben der Lokomotive. Es war dann aber sie, die mich – kaum war ich ausgestiegen – an meinen langen Haaren erkannte und mir schon von weitem lachend zuwinkte. Wir nahmen den Regionalzug nach Dielsdorf und stiegen dort ins Postauto Richtung Regensberg, wo Lottis Familie wohnte. Die Mutter schmuggelte mich ins Haus und rief nach Lotti, bat sie, ihr zu helfen, die Einkäufe die Treppe hochzutragen. Lotti erschien oben an der Treppe, sah mich, und ihr Gesicht änderte von einer Sekunde auf die andere die Farbe. Rot wie eine Pfefferschote, vergass sie erst zu atmen und flog dann die Treppe herunter. Direkt in die Arme – ihrer Mutter.

Ich wurde meinem zukünftigen Schwiegervater vorgestellt, der leider kein Wort Französisch sprach. Er bekundete anfänglich Mühe, seine Tochter Hand in Hand mit einem Araber zu sehen. Es kam aber die Zeit, da er realisierte, dass Lotti sich nicht in ein Jimi-Hendrix-Double, sondern in meine Person verliebt hatte.

Nach der Hochzeit wurde das Verhältnis zu meinem Schwiegervater von Treffen zu Treffen besser. Ich bemühte mich, Schweizerdeutsch zu sprechen. Wir spielten Tennis miteinander und gingen danach oft noch auf ein Bier in den ‹Löwen›. Er lehrte mich jassen, und als Lotti ihm von meinem bestandenen Studienabschluss erzählte, ging er stante pede in die Dorfkneipe und gab einen aus.

Ich verstand seine anfängliche Skepsis gut. Die Schweiz gehörte damals – es war in den Siebzigern – noch sehr den Schweizern. Nordafrikaner, dunkle Haut, fremdländische Akzente waren selten. Meine ersten Besuche in Regensberg wurden denn auch von hinter geschlossenen Fenstern und zurückgezogenen Gardinen aus beobachtet. Es gab Momente, wo ich in dieser heilen Welt von Regensberg angestarrt wurde, als wäre ich ein entlaufenes wildes Tier. Aber der Tag kam, an welchem die Fenster geöffnet wurden und man Lotti und mich herzlich willkommen hiess.

Mein Schwiegervater liebte die Berge, er nahm mich mit auf den Säntis, zeigte mir das Appenzellerland und Luzern. Ich hätte ihm gerne meinerseits meine Heimat gezeigt. Hammamet, Sidi Bou Said und Karthago. Doch er starb, bevor ich die Gelegenheit dazu hatte. Wir lebten damals in Saudi-Arabien.

Nach Saudi-Arabien kam Nigeria, dann Kairo, schliesslich Abidjan. Unsere Kinder Selim, Sonia und Sarah wuchsen dadurch ohne Heimat auf, Lotti jedoch gelang es, ihnen trotzdem Wurzeln zu geben. Wir genossen die Zeit als Familie, wir unternahmen viel zusammen. Dadurch, dass wir in der Fremde waren, lebten wir sehr nah und sehr intensiv miteinander. Lotti sorgte für das Wohl der Familie, war zu Hause für alles verantwortlich. Kam ich von der Arbeit nach Hause, half ich ihr, wo es nötig war, ich wickelte die Kinder, las ihnen Gute-Nacht-Geschichten vor, stand in der Nacht auf. Lotti half auch mir. Sie übernahm Repräsentationspflichten, organisierte Geschäftsessen und machte für das Unternehmen wichtige Einladungen. Wir lebten so, wie ich meine Eltern erlebt habe, als gleichberechtigte Partner. Meine Mutter konnte weder schreiben noch lesen, aber sie war meinem Vater immer eine ebenbürtige Partnerin.

Meine Eltern hatten immer zu tun. Meine Mutter mit den neun Kindern und dem Haushalt, mein Vater mit den Ländereien, die er bewirtschaftete, der Metzgerei, die er führte, den Olivenplantagen und Reben, die uns gehörten. Die Ehe meiner Eltern war durch gegenseitigen Respekt geprägt und sehr harmonisch. Ausser an den Tagen, an welchen mein Vater sich erlaubte, zum Mittag- oder Abendessen ein Glas Rosé zu trinken. Dann gab es Zwist, dann schlug die Stimmung im Haus spürbar um. Meine Mutter war nicht so sehr aus religiösen Gründen gegen das Weintrinken als vielmehr aus der Besorgnis heraus, er könne nach einem Glas Wein mit seinem Motorrad einen Unfall haben. Wir lebten nicht streng nach islamischem Glauben, den Ramadan aber, den hielten meine Eltern immer ein. Und auch wenn ich heute Bier trinke und Schweinefleisch esse – Ramadan ist mir heilig.

Während des Fastenmonats von Sonnenauf- bis zum vollendeten Sonnenuntergang weder zu essen noch zu trinken, läutert mich körperlich und auch geistig. Ich erfahre in dieser Zeit am eigenen Leib, was es heisst, gegen den Durst nicht einen Tropfen Wasser zu haben, gegen den Hunger nicht ein Stück Brot. Ramadan beinhaltet aber nicht nur ein Verzichten auf Essen, Trinken, Rauchen und den Gebrauch von Luxusgütern wie zum Beispiel Parfüm, der Koran verlangt, dass wir in dieser Zeit auch auf üble Nachrede, Klatsch und Streit verzichten.

Kinder, Schwangere, Stillende, Kranke und ältere Menschen müssen den Ramadan nicht einhalten. Meine Grossmutter allerdings weigerte sich – trotz der strikten Anweisung ihres Arztes –, auf das Fasten zu verzichten. Sie pflegte Folgendes zu sagen: ‹Lasst mich tun, was ich tun muss. Will Gott mich zu sich nehmen, dann tut er das, ob ich faste oder nicht. Das Gute daran ist: Nimmt er mich während des Ramadans nicht, weiss ich, mir bleibt noch Zeit.› Meine Grossmutter war ein ähnlicher Sturkopf wie Lotti, und sie hatte eine ähnliche Auffassung vom Leben und Sterben wie Lotti. Und ich gebe den beiden Recht: Alles hat seine Zeit.

Dazu gehört auch Lottis Zeit in Abidjan. Sie tut dort einfach etwas früher das, was wir eigentlich für später eingeplant hatten. Lotti sprach schon längst davon, irgendwann, dann, wenn die Kinder draussen sein würden, ein Altersheim zu eröffnen. Und dies in meiner Heimat, in Tunesien. Das Land dafür haben wir schon vor Jahren gekauft, denn ich plante – wenn ich pensioniert sein würde –, Lotti zu helfen, ihren Herzenswunsch eines Tages zu realisieren. Die Vorhersehung brachte dann nicht Tunesien – was rückblickend gesehen wohl auch richtig ist, denn in Tunesien gibt es inzwischen schon etliche staatliche Altersheime –, sondern sie brachte eben Abidjan. Das Leiden der von Aids gebeutelten armen Bevölkerung liess Lottis Berufung geradezu explodieren. Die Idee eines Ambulatoriums in einem Slum kam ganz selbstverständlich, und eines Tages sagte sie zu mir: ‹Ich habe einen Ort gefunden, wo ich gebraucht werde. Er heisst Adjouffou. Bitte hilf mir.›

Gemeinsam suchten wir ein Stück Land. Ich organisierte Schiffscontainer, deren Transport und Montage. Liess Fundamente betonieren, redete mit Direktoren von in Abidjan ansässigen Grossfirmen, damit ein wenig Geld floss. Half Baupersonal rekrutieren und überzeugte die Slumbewohner, die anfänglich alles andere als begeistert waren, dass auf ‹ihrem› Land Mauern hochgezogen wurden, davon, dass es ihr ganz persönliches Glück ist, neben einem Ambulatorium zu leben. Nicht nur, weil die medizinische Versorgung der ganzen Familie gewährleistet wird, sondern auch, weil all die angereisten Patienten den Absatz der von den Slumbewohnern angebotenen Waren steigern. Zu sehen, mitzuerleben, wie sich Lottis Lebenstraum realisierte, war wunderbar.

Ich wusste schon immer, dass der direkte Kontakt mit Menschen, vor allem mit kranken Menschen, Lotti mehr brachte, als am Swimmingpool zu sitzen, Damenkränzchen abzuhalten und Weisswein zu schlürfen. Was ich nicht ahnen konnte, war, wie radikal Lotti – zumindest anfänglich – an die Sache herangehen würde. Die Armut, die sie so hautnah erlebte, führte dazu, dass sie sich von der Gesellschaft zurückzog. Keinen Aperitif mehr, keinen Smalltalk, kein festliches Essen. Und schliesslich auch kein Zurück nach Kairo mehr.

Kurz nachdem das Ambulatorium eröffnet war, erhielten wir von Nestlé die Mitteilung, dass unser lang gehegter Wunsch, nach Ägypten zurückzukehren, in Erfüllung gehe. Eine Mitteilung, die uns schlagartig bewusst machte, wie sehr wir unseren Herzenswunsch, zurück nach Kairo zu können, ganz einfach vergessen hatten. Die Erkenntnis, dass jetzt etwas kam, das wir mal so dringend gewollt hatten und nun nicht mehr haben wollten, nahm uns den Atem, liess ein Vakuum entstehen. Ich realisierte, dass nicht nur Lotti, sondern auch ich und die Kinder in der Elfenbeinküste bleiben wollten.

Ich redete mit Nestlé, aber es war nichts mehr zu machen. Sie brauchten mich als einzigen Arabisch sprechenden Direktor für den Aufbau der neuen Firma. Also reiste ich ab, Lotti und die Kinder blieben noch sechs Monate, damit die beiden Älteren die Matura in Abidjan fertig machen konnten.

Während dieser Zeit fragte ich Lotti oft, wie es weitergehe. Sie beruhigte mich mit dem Satz: ‹Mach dir keine Sorgen, Aziz, wir werden eine Lösung finden.› Doch – und das spürte ich instinktiv – Lotti geriet von Monat zu Monat in ein grösseres Dilemma. Es war nicht nur dieses Ahnen, dass es eines Tages zu einem Entscheid gegen das Familienleben oder gegen Adjouffou kommen musste, es war vor allem die Tatsache, dass sie sich mit der Armut und dem Leid der Menschen so sehr identifizierte, dass sie alles, was auch nur im Geringsten mit Komfort oder Reichtum oder Genuss oder Entspannung zu tun hatte, weit von sich wies. Ich sagte ihr einmal: ‹Lotti, die Welt wird nicht besser, wenn alle Menschen arm sind. Im Gegenteil! Es muss Menschen geben, die Geld verdienen, damit sie den Menschen, die keins haben, etwas davon abgeben können. Es sind Menschen, die es gut haben im Leben, die dir helfen können zu helfen.› Damals wollte sie davon allerdings nichts hören, ich glaube, sie haderte intensiv mit Gott.

Lotti machte eine tief greifende innere Revolte durch. Schon nur der Vorschlag, in ein feines Restaurant essen zu gehen, wurde mit Verachtung gestraft. Lotti suchte Unterstützung bei uns, wollte von uns hören, wie schrecklich wir die Welt finden, und hätte es gern gesehen, wir hätten – genau wie sie damals – von Suppe und Brot gelebt. Dann kam schliesslich der Tag, an welchem Selim und Sonia ihre Matura bestanden hatten und Lotti und die Kinder von Abidjan nach Kairo zogen.

Eine Lösung zeichnete sich damals in der Idee ab, dass Lotti zwei Monate bei uns in Kairo und einen Monat bei ihren Kranken in Adjouffou verbringen würde. Doch bevor wir diese Idee überhaupt auf ihre Tauglichkeit hätten prüfen können, war schon klar, dass sie nicht in Frage kam. Lotti war in Kairo vom ersten Tag an unglücklich. Alles Leben in ihr verschwand. Ihre Energie reichte gerade noch für stundenlange Telefongespräche nach Adjouffou, bei welchen sie sich erkundigte, wie es lief, und erfuhr, dass es eben nicht lief. Das Feuer in ihren Augen erlosch. Die Kinder begriffen schnell, dass die Mutter sich nach Adjouffou verzehrte. Sie reagierten abweisend, verärgert, waren wütend auf sie. Der Einzige, der Lotti in ihrer Zerrissenheit verstehen, der sie in ihrer Revolte ertragen konnte, war ich.

Ich kenne meine Frau sehr gut. Kenne ihren Charakter, ihren Geist, ihr Herz, ihre Seele. Ich wusste, dass diese Revolte früher oder später aufhören und sie sich mit Gott und der Welt wieder aussöhnen würde. Ich wusste, dass sie Zeit brauchte, ich wusste, dass es dauern würde. Ich versuchte, Geduld aufzubringen, und heute, heute ist es tatsächlich so, dass sie ein feines Essen bei einem guten Glas Rotwein wieder geniessen kann. Aber das ist heute, damals gingen wir alle, auch Lotti, durch die Hölle. Wie schlimm es für die Familie werden würde, war klar, als ich – kaum waren wir alle in Kairo eingezogen – mit Flugtickets für unsere Sommerferien nach Hause kam. Lotti nahm sie in die Hand, begann zu weinen, schaute mich an, fragte: ‹Aziz, was soll ich in den Ferien, während meine Leute in Adjouffou sterben?›

Sie bat mich, nicht mitkommen zu müssen, auch, weil sie uns mit ihren Tränen die Ferien sowieso und gründlich vermiesen würde. Ich handelte, tauschte ihr Ticket in eins nach Abidjan um und drückte es ihr mit den Worten in die Hand: ‹Geh, wenn du glaubst, gehen zu müssen, aber vergiss nie: Die Tür hier ist immer offen.› Eine Woche später traten die Kinder und ich unsere Ferien an – unsere ersten ohne Lotti.

In der darauf folgenden Zeit kam Lotti alle paar Wochen nach Kairo. Doch wenn sie hier war, war sie todunglücklich. Also reiste sie wieder nach Abidjan. Leider ging es ihr aber auch dort nicht viel besser. Sie litt, ich litt, die Kinder litten erst recht. Ich habe damals mehr als zwanzig Kilo abgenommen, habe Lotti vermisst, vor allem dann, wenn sie hier bei mir war. In der Nacht von ihrem Weinen aufzuwachen, kostete mich genauso viel Energie wie die Erkenntnis, dass die Kinder in ständigem Streit mit ihr lagen. Durch ihre Unzufriedenheit schimpfte Lotti viel, sie fragte mich: ‹Was soll ich hier? Braucht ihr mich? Du gehst am Morgen ins Büro, kommst erst abends nach Hause. Selim studiert in Paris. Sonia wird bald nach Lausanne in die Hotelfachschule gehen, und Sarah ist in der Schule, und wenn sie nicht in der Schule ist, dann ist sie bei einer Freundin, damit sie meine Launen nicht ertragen muss.› In ihrer Depression liess Lotti bald niemanden mehr an sich heran. Mit ansehen zu müssen, wie sehr die Kinder litten, brach mir oft schier das Herz. Aber es waren auch die Kinder, die mich damals am Leben hielten. Nicht zuletzt ihretwegen bat ich Lotti irgendwann, nur noch dann zu kommen, wenn sie auch wirklich kommen wollte. Lotti schaute mich gross an, fragte, ob ich es ernst meine, und ich sagte ihr: ‹Ja, denn ich will nicht, dass aus meiner Liebe zu dir Hass wird.›

Es wäre für mich der schlimmste aller Fälle gewesen, wenn ich eine Frau, die so intensiv und selbstverständlich Liebe verteilt, hätte hassen müssen. Wir einigten uns darauf, dass wir versuchen würden, uns mindestens viermal im Jahr zu sehen. Lotti ging, und es war an mir, den Kindern zu erklären, dass ihre Mutter nichts Falsches tut, wenn sie nur noch auf Stippvisite nach Kairo kommt, sie davon zu überzeugen, dass ihre Mutter nicht gegen sie, sondern für eine Sache handelt und dass sie uns über alles liebt. Ich versuchte ihnen verständlich zu machen, dass Lotti, wenn sie depressiv in Kairo rumhockt, nächtelang weint und tagelang am Telefon sitzt, als Mutter viel weniger existent ist, als wenn sie in Adjouffou glücklich ist und uns ab und zu besucht. Sarah und Sonia, die in Kairo waren und erlebt hatten, wie sich die Situation etwas entspannte, ging es zusehends besser. Selim, der damals in Paris studierte, brauchte länger. Er, der Älteste, wollte eine Zeit lang nichts mehr mit seiner Mutter zu schaffen haben. Aber Lotti hat nicht aufgehört, ihm zu schreiben, ihm zu signalisieren, dass sie nicht verschollen, sondern vorhanden ist. Ihre Hartnäckigkeit hat sich gelohnt. Es kam der Tag, als Selim realisierte, dass er sein Studium in Paris abbrechen und – genau wie seine Schwester Sonia – an die Hotelfachschule Lausanne gehen wollte. Selim wusste, ich würde seinen Entscheid nicht so ohne weiteres akzeptieren. Nun, Selim wusste auch, dass es nur eine Person gab, die mich bearbeiten konnte. Selim telefonierte, nach monatelanger Funkstille, mit seiner Mutter in Abidjan. Es war der Beginn einer neuen Mutter-Sohn-Beziehung, die darin gipfelte, dass Selim mir kürzlich sagte, er sei an dem, was Lotti mache, gewachsen.

Ich weiss, dass Lotti eine Zeit lang erwartete, dass ich mit meiner Leidensfähigkeit an eine Grenze stossen würde. Ich weiss, dass sie damit rechnete, ich würde die Scheidung verlangen. Ich weiss, das heisst, ich wusste aber auch, dass mir dies nichts gebracht hätte. Abgesehen mal von Scherereien. Eine Scheidung hätte ja wohl bedeutet, dass ich mir eine neue Frau hätte suchen müssen, hätte ziemlich sicher bedeutet, dass diese sehr viel jünger gewesen wäre als ich, was wiederum bedeutet hätte, dass sie womöglich noch Kinder hätte haben wollen. Für Selim, Sonia und Sarah wäre dies die endgültige Katastrophe gewesen. Für mich auch. Denn ich hatte immer diesen Traum, mit Lotti älter und alt zu werden. Was in einer Partnerschaft zählt, was schliesslich zählt, ist nicht die Körperlichkeit, sondern die innere Schönheit. Das Herz, der Geist, der Humor, die Seele. Das, was durch die Augen strahlt.

Wie und wo hätte ich dasselbe Strahlen, das Lottis Augen, je älter sie wird, desto intensiver leuchten lässt, je wieder finden können? Wie hätte ich eine neue Frau lieben können, wenn mir jede Bewegung, jede Zärtlichkeit, jede Berührung, jeder Kuss zum Bewusstsein gebracht hätte, was ich verloren habe? Abgesehen davon, wie hätte ich das alles ersetzen können, was wir in dreissig Jahren miteinander erlebt haben? Lotti verlassen, weil sie sich an einer Weggabelung nicht für meinen Weg entschieden hat, sondern ihren eigenen erkannte und diesen verfolgte?

Mein Respekt Lotti gegenüber, meinen Kindern gegenüber und letztlich auch mir gegenüber hätte eine Scheidung nie zugelassen. Es gab eine Zeit, in welcher es Lotti recht gewesen wäre, ich hätte den endgültigen Schritt weg von ihr gemacht, weil sie darin einen Ausweg für mein Leiden sah. Ich fand eine andere Möglichkeit. Ich zwang mich – jeden Tag aufs Neue – dazu, Lotti zu verstehen. Über den Versuch, zu verstehen, warum sie in Abidjan bleiben musste, hoffte ich Frieden zu finden. Im Arabischen gibt es für das Wort Frieden und das Wort Verständnis zwei sehr ähnliche Wörter, sie heissen: Salam und Essamah.

Geholfen hat mir auch, dass ich hinter den Tränen, die Lotti weinte, wenn sie von Abidjan aus telefonierte, ihre Liebe erkennen konnte. Lotti hat mich damals oft gefragt: ‹Warum lässt Gott die am meisten leiden, die er am meisten liebt?› Die Worte: ‹Ich liebe dich›, hat sie damals nie gesagt. Nicht, weil sie sie nicht sagen wollte, sondern weil sie mir nicht noch mehr Leid zufügen wollte. Sie schrieb mir oft sehr lange Briefe, auch diese endeten nicht immer mit den Worten ‹Ich liebe dich›, aber das, was Lotti zwischen den Zeilen auszudrücken vermochte, machte mich glücklich. Ich habe alle ihre Briefe aufgehoben. Habe sie sicher verwahrt in einem Tresor, der in meinem Büro in der Fabrik steht. Ich glaube nicht, dass sie das weiss. Unsere Liebe wurde tiefer, zärtlicher, inniger.

Lotti kommt – und da kann die Welt untergehen – immer dann, wenn Sarah Geburtstag hat. Der dreissigste Mai ist unser ‹jour fixe›, der fixe Tag im Jahr. Ich gehe dann jeweils an den Flughafen, und wenn ich Lotti in ihren blauen Jeans, mit ihrem kleinen Rollkoffer und ihrem Strahlen aus dem Zoll kommen sehe, wir uns umarmen und die Begrüssung nicht in einem innigen Kuss, sondern ganz tief innen stattfindet, in diesen Momenten bin ich mit Bestimmtheit der glücklichste Mann auf Erden.

Längst besucht aber nicht nur sie uns, sondern auch wir sie. Ich freue mich riesig darauf, sie in meinen nächsten Ferien beim Bau des dritten Zentrums, ‹Centre Espoir Trois›, dem Mütter- und Kinderheim, zu unterstützen, das Fundament aus dem Boden zu stampfen, Kabel zu ziehen, Wasserleitungen zu verlegen und mit den Arbeitern zu diskutieren.

Es ist schön, mit Lotti auf dem Bauplatz zu stehen, es ist schön, dass sie erkannt hat, dass sie mich – wann immer sie ein Problem hat – um Hilfe fragen kann. Es ist schön, dass ich ihr mit meinen Kontakten, die ich in Abidjan immer noch habe, helfen kann und dass sie auf mein Urteil Wert legt.

Bei einem meiner ersten Besuche in Adjouffou sagte ich Lotti einmal: ‹Das kommt nicht gut mit dem Ambulatorium. Es sterben zu viele. Ein Ambulatorium ist dazu da, die Menschen aufrecht und gesund und nicht im Leichenwagen zu entlassen.› Es ging nicht lange, und Lotti hatte die Lösung des Problems: den Bau eines Sterbespitals. Diesen begleitete ich vor Ort genauso intensiv wie von Kairo aus. Lotti faxte mir Bilder, fragte mich um Rat, liess mich mit den Bauleuten telefonieren, hörte sich meine Vorschläge an, und wenn sie in Kairo war, sassen wir nächtelang über den Plänen und fragten uns, was wir noch modifizieren könnten.

In Adjouffou habe ich inzwischen viele Freunde gefunden. Ouattara, dessen Sohn meinen Namen trägt, Monsieur Konaté, Monsieur David, Monsieur Koné, Véronique, Arlette, Hortense, Adelaide. Ich liebe es, in Adjouffou auf den Nachtmarkt zu gehen, mit Lotti ein Poulet braisé und ein Bier zu teilen, ich liebe die Wärme der Nacht, das Sprühen der Grillfeuer, das Dröhnen der Musikboxen, das Tanzen der Kinder.

Mein Zuhause jedoch ist Tunesien. Meine zweite Heimat die Schweiz. Die Elfenbeinküste bedeutet für mich Afrika, und als Afrikaner, der ich ja schliesslich bin, fühle ich mich in Abidjan und ganz besonders in Adjouffou im Zentrum dieses Kontinents.

Die letzten Jahre brachten mir die Bestätigung, dass man nur dann im Frieden mit jemandem leben kann, wenn man im Frieden mit sich selbst ist. Hat man Streit mit anderen, lebt man im Streit mit sich selbst. Ist man hässlich zu anderen, wie soll man dann nett zu sich selbst sein? Erst wer sich selbst vertraut, kann auch anderen vertrauen. Vertrauen! Vielleicht war es das, was unsere Ehe gerettet hat.

Am schlimmsten litt ich, wenn wir uns anschauten und ich in Lottis Augen sah, dass die Schuldgefühle sie zermalmen könnten. Wenn ich sah, wie sehr die Mutter in ihr litt. Ich hätte ein Scharfrichter sein müssen, einer Frau, die im Pflegen so aufgeht, die so vielen Frieden bringt, zusätzliche Schuldgefühle zu verursachen. Wir mussten einen Ausweg finden. Das Leiden dauerte mehr oder weniger drei volle Jahre. Es stimmt, dass die Zeit Wunden heilt. Die Worte ‹Ich liebe dich› kamen mir auch in dieser Phase zum Glück nie abhanden.»

Und noch während ich seinen Worten nachhänge, schmunzelt Aziz und füllt die entstandene Ruhe mit einem weiteren Gedanken aus: «Es wäre schön, ‹Ich liebe dich› wären eines Tages meine letzten drei Worte. – Etwas pathetisch, ich weiss, aber es ist tatsächlich so. Möchtest du einen Kaffee? Oder vielleicht lieber ein Bier?»

Als ich abreise, ist mir eines vollkommen klar: Hätte Lotti nicht diesen Mann, würde sie nicht in Adjouffou wirken. Lotti wusste, dass ihre Kinder, vor allem die Jüngste, bei Aziz perfekt aufgehoben sind. Sie wusste, dass sie sich hundert Prozent auf ihn verlassen kann. Sie wusste, dass er es auch ohne sie schafft. Hätte Lotti für ihre Kinder nicht diesen Vater gehabt, wäre ihre Entscheidung eine andere gewesen.

Später, im Flugzeug nach Zürich, erkenne ich: Die Liebesgeschichte der beiden ist eine der schönsten, die ich je erzählt bekommen habe.

Fortsetzung des Tagebuchs

Immer noch Montag, 8. März

Um drei Uhr nachmittags hat Lotti ihre Sprechstunde beendet. Kommt zu mir, setzt sich neben mich auf die Treppe. «Ich habe mit Aziz gesprochen und werde höchstwahrscheinlich im April nach Kairo reisen.» «Schön, das freut mich – heute brauche ich eine Siesta.» «Du, eine Siesta? Und morgen schneit es dann schwarzen Schnee?» Als Antwort müssen mir die Lachfalten genügen, die sich um ihre Augen auffächern. Sie sieht strahlend aus, absolut zufrieden, eingebettet und – überhaupt nicht müde. Wie macht sie das nur? Bevor sie ins Zimmer geht, bemerke ich: «Du liebst ihn sehr, nicht wahr?» «Darf ich dir die Antwort darauf vorlesen?» Und statt sich hinzulegen, setzt sie sich in ihrem Zimmer rittlings auf den einzigen Stuhl, kramt in ihren Notizen und liest:

Ich möchte die Ameise sein, die deine Fusssohle kitzelt. Ich möchte die Blume sein, die deine Hand pflückt. Ich habe das Verlangen, der Stein zu sein, den du ins Wasser wirfst. Ich beneide das, was deine Augen sehen, die Düfte, die von deiner Nase eingeatmet werden, die Töne, die dein Ohr hört, den Geschmack, den dein Mund kostet. Ich habe ein riesiges Verlangen nach dir, brauche dich, du fehlst mir sehr.
Wenn nur nicht dieses Gefühl des Zerrissenseins wäre, dieses Leiden, das mein Bauch und mein Herz voneinander trennt. Alle körperlichen Leiden werden nie so schmerzen wie mein Schmerz um dich. Es fällt mir unendlich schwer, dich bei jedem Abschied aufs Neue zu verlieren.
Fussspuren im Sand werden durch eine kleine Welle einfach so ausradiert. Du aber hinterlässt Spuren in meiner Seele, die sich nie mehr auswischen lassen.

Nachdem sie die letzte Zeile gelesen hat, nimmt sie ihre Lesebrille von der Nase und lächelt mich an.

«Wann hast du das geschrieben, Lotti?»

«Vor fünf Jahren, vor drei. Vielleicht auch gestern. Egal. Ganz egal. Oder? Komm, wir gehen einkaufen.»

«Keine Siesta?»

«Nein, die Müdigkeit ist weg, ich fühle mich wie ein frisch verliebter Teenager, und mit dieser Energie kann ich endlich tun, was schon längst hätte getan werden müssen. Büromaterial einkaufen. Für Pierre.»

Pierre lerne ich am Nachmittag kennen. Ein grosser Mann, mit einem breiten Gesicht und weit auseinander stehenden Augen. Pierre ist vierzig, sieht aber aus wie dreissig. Pierre ist seit neuestem Lottis Sekretär, der sich um die Buchhaltung und das Schreiben von Briefen an offizielle Stellen kümmert. Als Gegenleistung bekommt er nicht Geld, sondern sein Leben. Lotti bezahlt ihm die Tri-Medikation, die Behandlung gegen Aids. Der von der Schweizer Botschaft gespendete Computer, an dem er arbeitet, steht in meinem Zimmer, was mich die folgenden Tage von Siestas abhalten wird, denn Pierre hat alle Hände voll zu tun. Als wir ihm das Büromaterial bringen, stellt Lotti ihn mir vor. Pierre erinnert mich an einen Freund, den ich vor bald fünfzehn Jahren an Aids verloren habe. Seine Homosexualität hatte ihn das Leben gekostet. Homosexuelle waren in Europa damals die Risikogruppe schlechthin.

«In Schwarzafrika», referiert Lotti, «sind es die Fünfzehn- bis Neunundvierzigjährigen, also diejenigen im produktiven Alter, die den Grossteil der Infizierten ausmachen. Die einzige Waffe, die wir haben, ist eine gute Prävention. Den Mädchen hämmere ich ein, dass sie das letzte Wort haben, bei der Frage, ob mit oder ohne Präservativ. Weisst du, mit welcher Begründung die Männer hier Kondome verweigern?»

Lotti lächelt, Pierre nickt, ich verneine. Dann sagen die beiden im Duett: «Man geniesst ein Bonbon ja auch nicht in der Verpackung!»

«Lotti hat mir», fährt Pierre nun alleine weiter, «das Leben gerettet, das heisst, nein, es war anders. Sie hat mich aus dem Sarg gezerrt.»

Lotti erzählt mir später, er habe eine Freundin, die negativ sei, und er träume davon, eines Tages einen kleinen Lebensmittelladen zu eröffnen. Das würde ihn sechs Millionen afrikanische Francs kosten. Eine Million CFA sind zweitausendfünfhundert Franken. Sechs Millionen, das sind fünfzehntausend Franken. Fünfzehntausend Franken, das ist hier nicht ein Vermögen, das ist eine astronomische Summe, eine unüberwindbare Hürde.

Eine andere Geschäftsidee hat «Général de Gaulle». Ein Patient, dessen Zustand sich in den letzten Monaten stabilisiert hat und der immer wieder mal im Sterbespital vorbeischaut, um mit Lotti einen Schwatz zu halten. Warum er sich ausgerechnet den Namen von Charles de Gaulle gab, wollte er mir partout nicht verraten. Als ich ihn bei meinem zweiten Besuch hier traf, fragte er, ob ich ihm das nächste Mal Küken mitbringen könne.

«Küken? Wozu den Küken, Général?»

«Blöde Frage! Ist doch logisch, ich möchte eine Hühnerfarm eröffnen! Das Nichtstun hängt mir langsam zum Hals heraus, und bevor mich Aids eines Tages ganz in die Knie zwingt, will ich mir meinen Traum erfüllen. Aber ich brauche gesunde, voll gefressene kleine Küken. Goldgelbe! Am liebsten aus der Schweiz.»

Die Menschen betteln hier nicht um Geld, sie möchten Arbeit. Almosen empfangen zu müssen, macht sie ebenso unglücklich wie uns. Jeden Tag gibt es Männer, die ihr letztes Geld in eine Taxifahrt zum Hafen investieren, um sich dort in die Schlange der Arbeitsuchenden einzureihen. Stundenlang warten sie dort, bis sie vielleicht eine Arbeit bekommen. Und wenn nicht, marschieren sie am Abend zu Fuss nach Hause, weil sie den Transport zurück nicht mehr bezahlen, geschweige denn ihrer Familie etwas zu essen besorgen können.

Nachdem wir Pierre mit dem neuen Büromaterial sich selbst überlassen haben, lerne ich im Sterbespital Émilie kennen. Émilie ist eine gross gewachsene Frau, deren Haut sich wie eine lose Hülle um ihre

Kohlenverkäuferin auf dem Strassenmarkt von Adjouffou

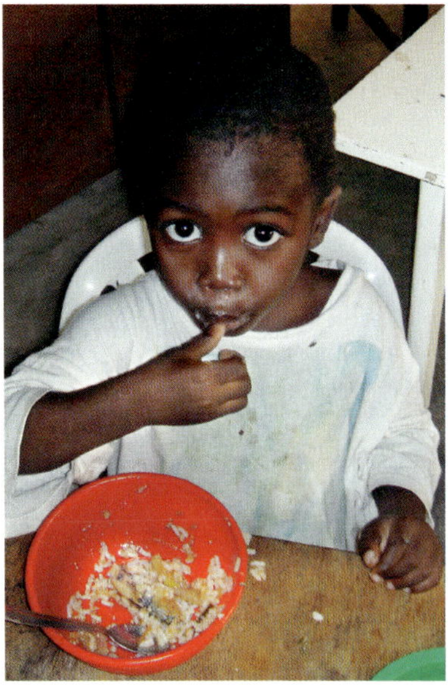
Christ

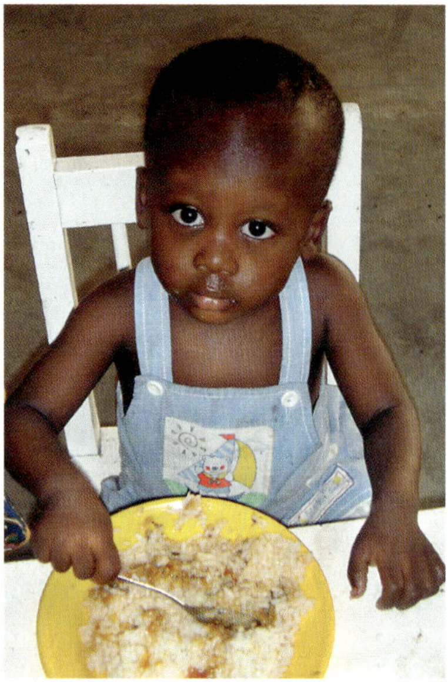
Mohamed

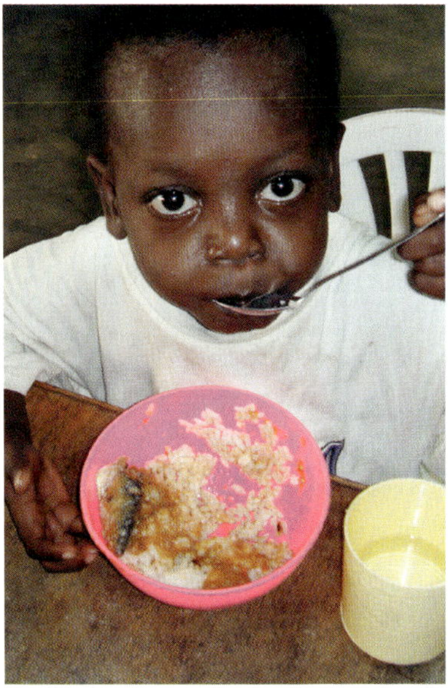
Willy

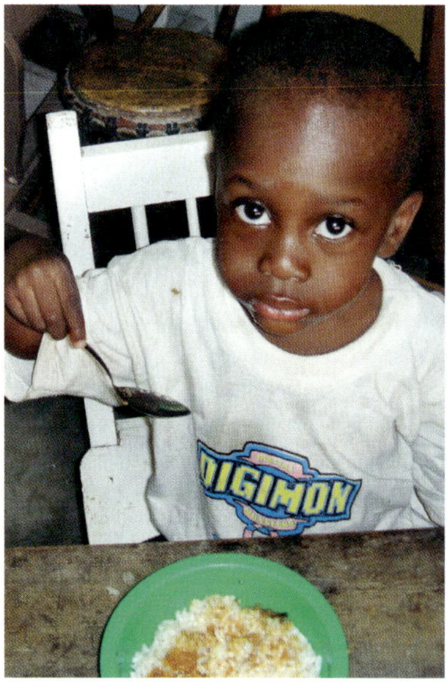

Emanuel

Ouattara und Aziz

Ange

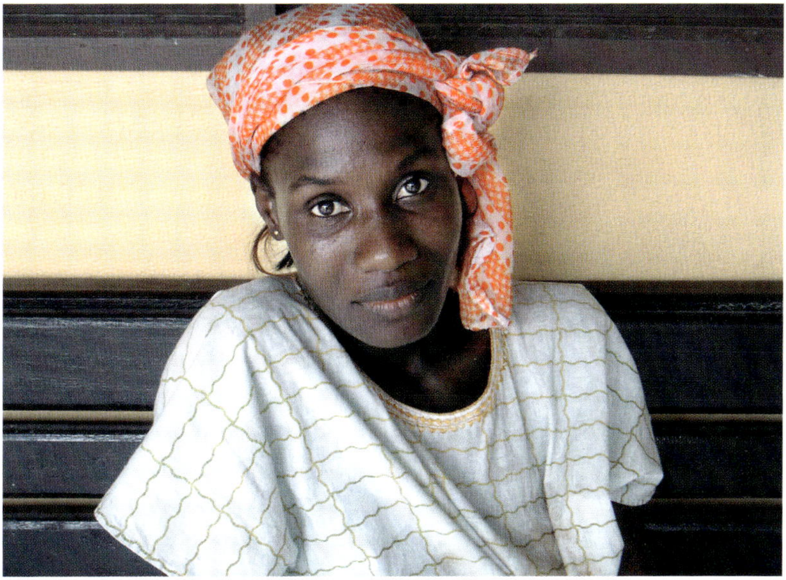

Arlette

Jean-Baptiste

Adelaide

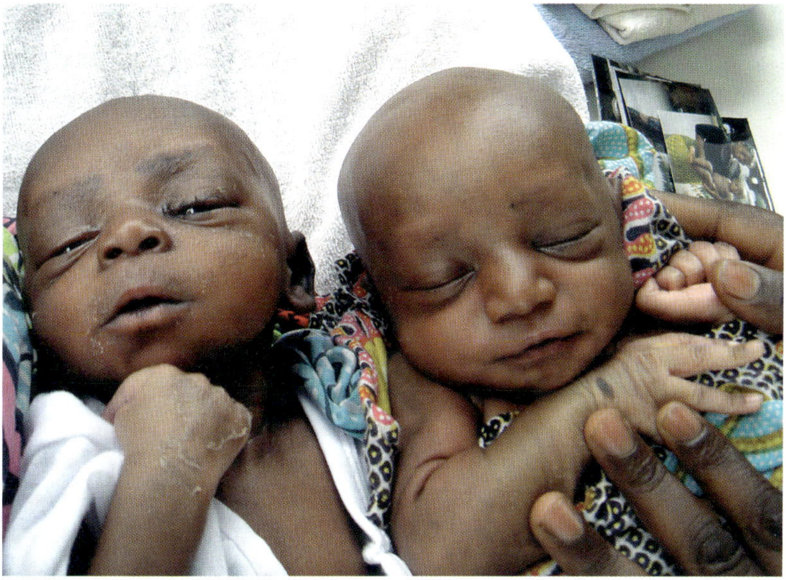

Die neugeborenen Zwillinge nach dem Tod ihrer Mutter

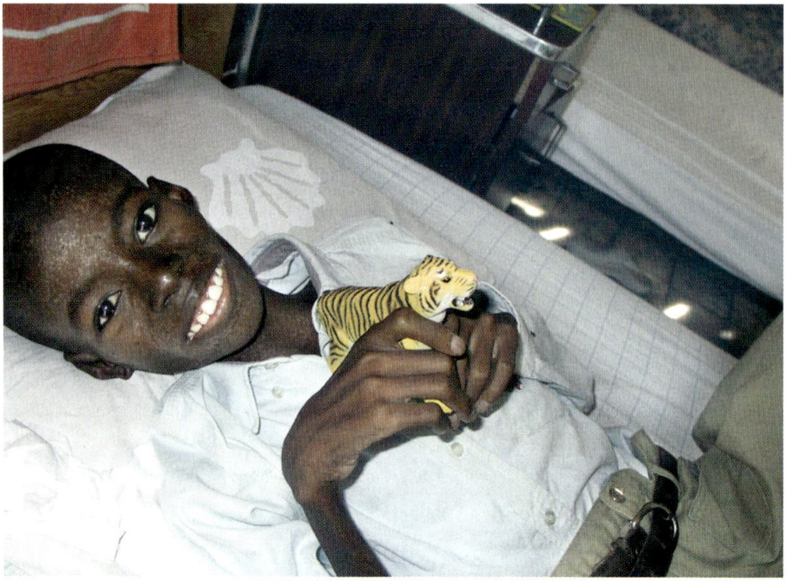

Noël, 11.23 Uhr

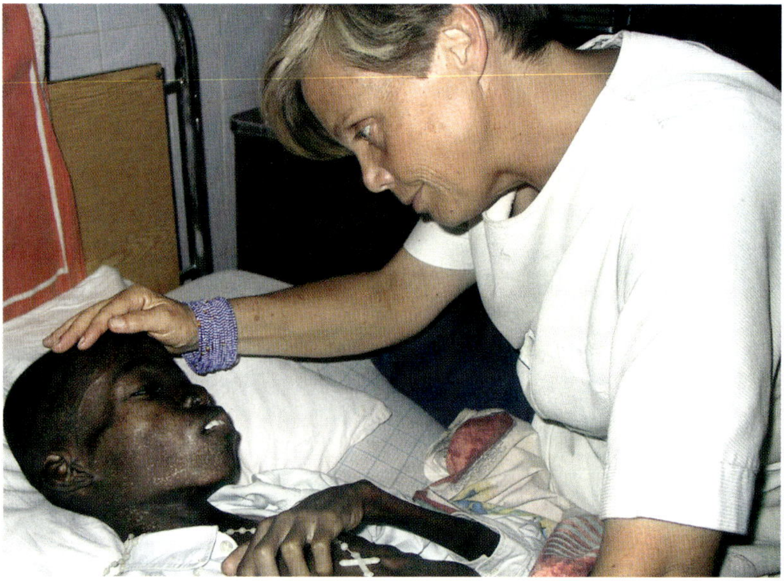

Noël, 23.30 Uhr

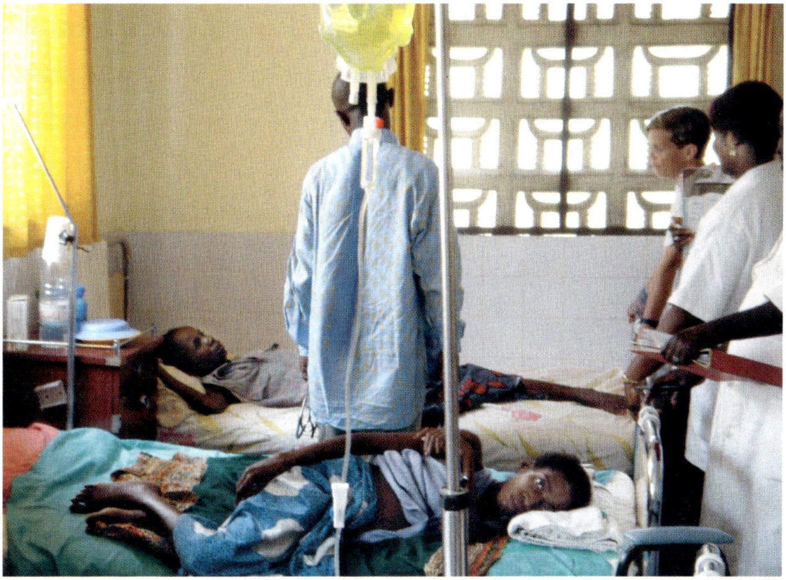

Arztvisite bei den Patientinnen

Aimé

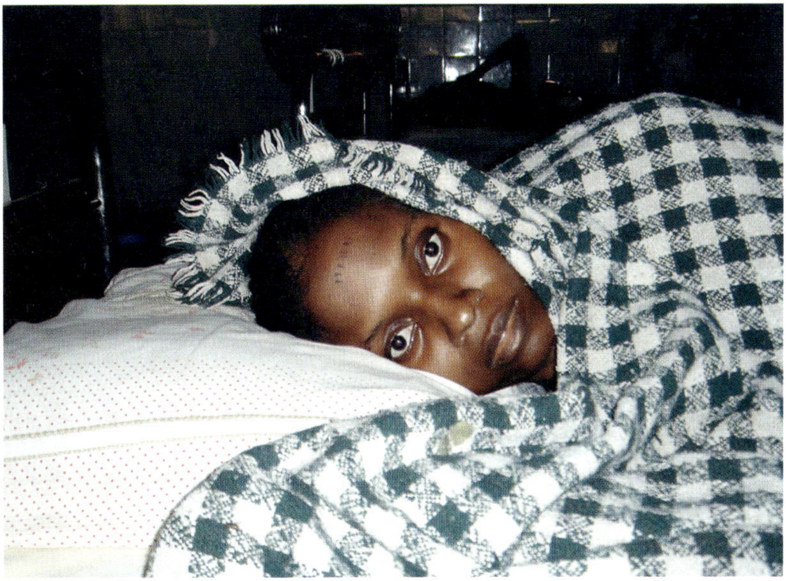

Thérèse

Adjouffou

Dieu-Donné

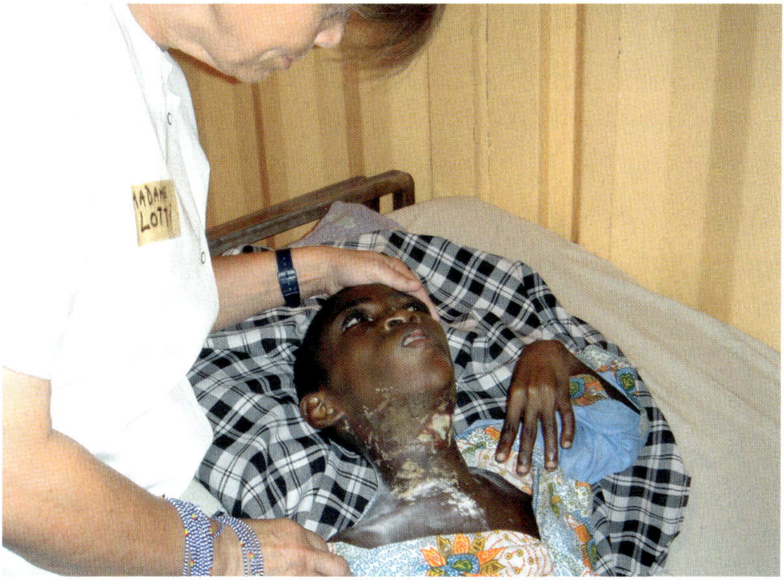

Dieu-Donnés Diagnose: Karies

Mütterberatung

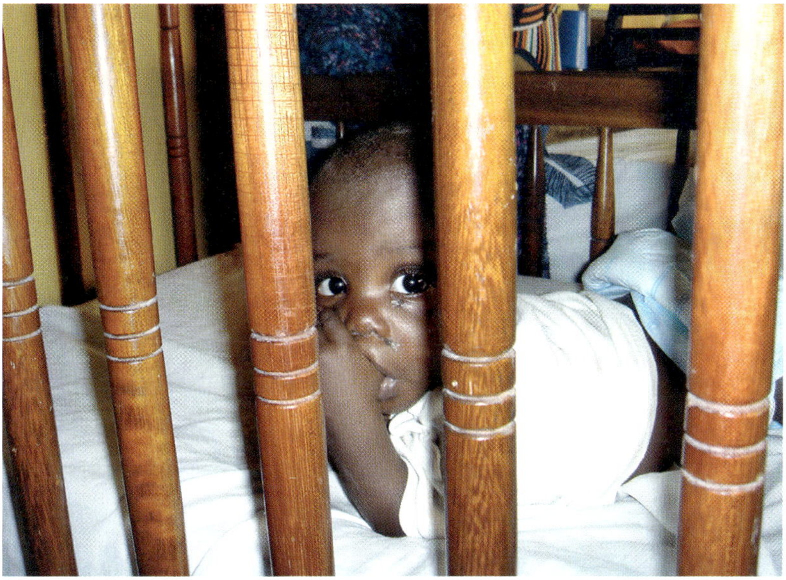

Antoine

Aziz

Felix, der blinde Nigerianer

Monsieur Koné

Félix, der Pfleger

YaYa und Emanuel, Mohamed, Christ

Lotti und Général de Gaulle

Der Tante-Emma-Laden

Die Boutique

Hinten: Serge, Bouba, Aimé. Vorne: Christina, Moussa, Christ, Yusuf

Lotti und Christ, Dr. Henri Chenal

Monsieur David und César

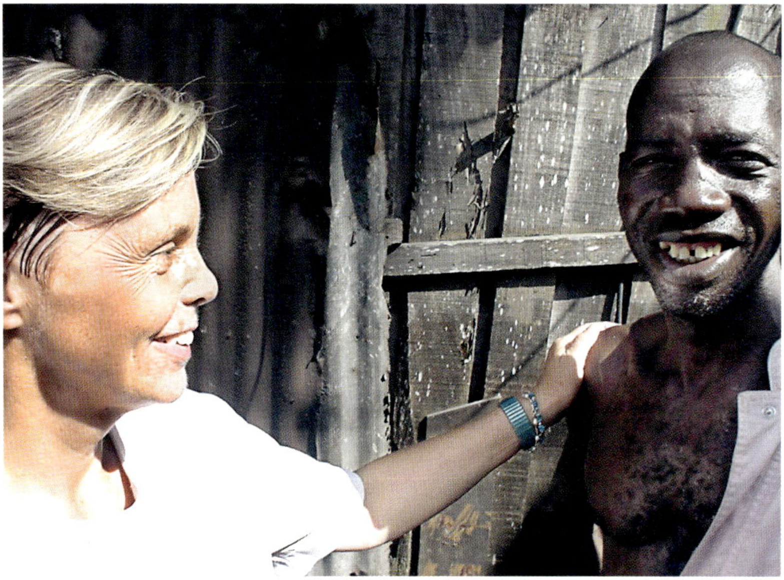

Lotti und Ibrahim

Glück hat, wer im Slum zur Schule gehen darf.

Der Gebrauchtwagenhandel

Die Wäscherei

Die Privatschule

Französischunterricht

Früh übt sich …

Tri-Therapie

Véronique und Maeve

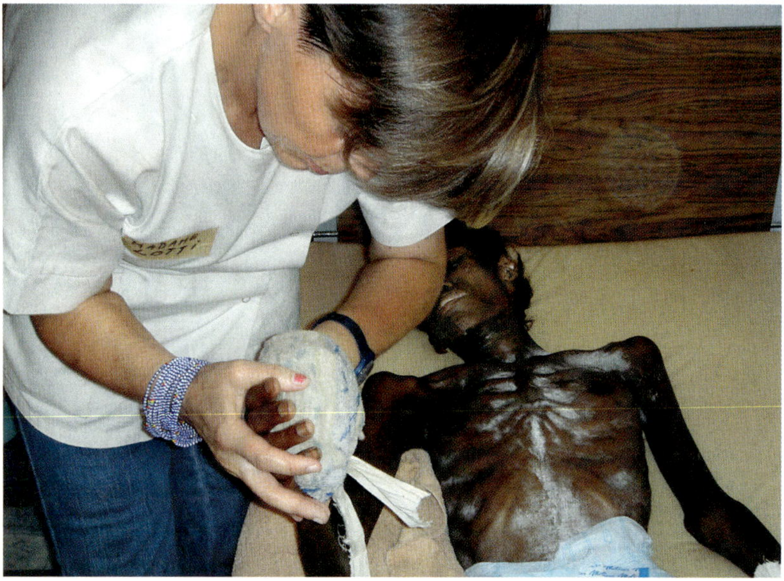

Lotti und Émilie

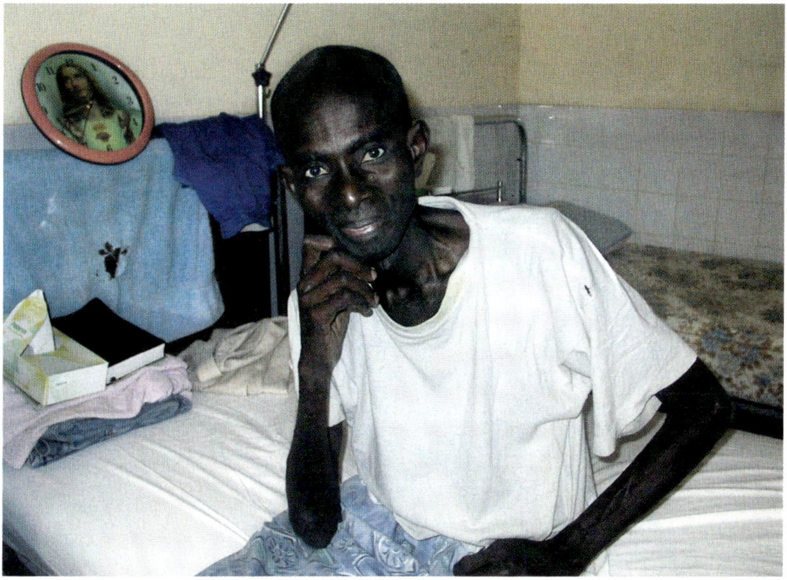

Robert

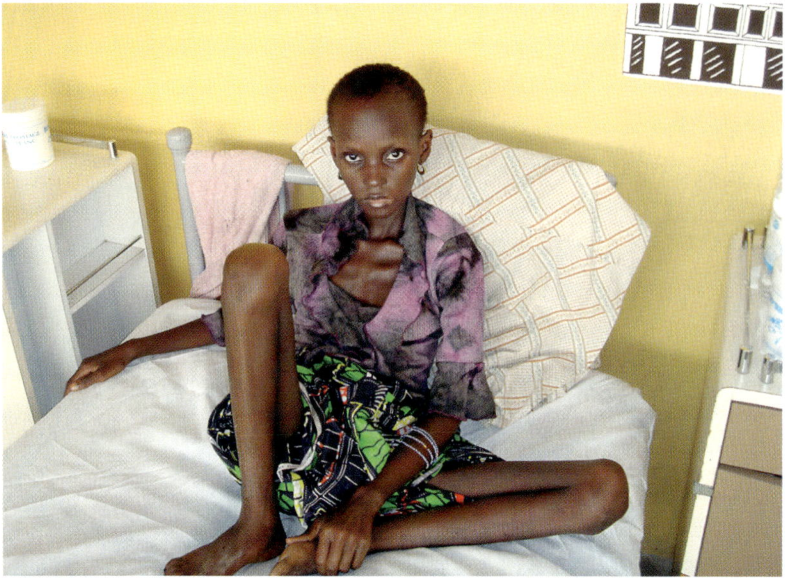

Alimata

Alphonse

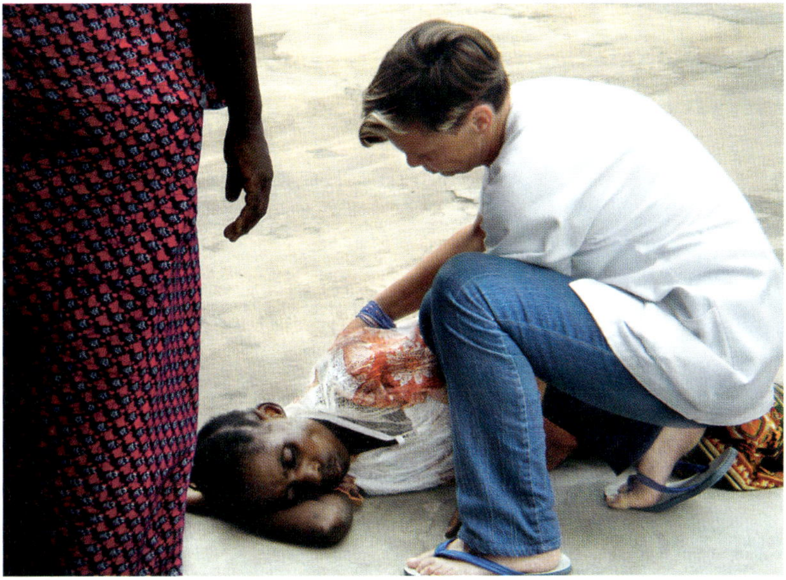

Lotti und Mélanie

Vridi-Canal

filigranen Knochen legt, die man einzeln zählen kann. Ihre Hände sind mit Tüchern an die Bettstatt gebunden. Lotti löst sie, spricht dabei leise mit ihr, fragt, wie es ihr heute gehe. Émilie sagt nichts, schaut Lotti einfach geradewegs in die Augen. Ihr Blick – so scheint es – sucht Leere und ist überrascht, dass er erwidert wird. Émilie, eine Frau aus gutem Hause, war lange Zeit Patientin in einem Privatspital. Sie liegt nicht hier, weil die Familie dieses nicht mehr hätte zahlen können, sondern weil man Émilie als «unmögliche» Patientin taxiert und sich nicht mehr um sie gekümmert hat. Ein Teufelskreis. Je weniger Beachtung sie fand, desto ausfälliger und aggressiver wurde sie. Sie bespuckte jeden, der sich ihr näherte, und ohne Fesselung zog sie sich die Windeln aus und verdreckte, was sie verdrecken konnte. Auch sich. Für Lotti war Émilie eine Herausforderung. Sie entschied, die Frau aufzunehmen.

«Nicht um die Familie oder das Pflegepersonal im Privatspital zu entlasten. Sondern einzig und allein, um Émilie die Menschenwürde zurückzugeben.»

Als Émilie ins Sterbespital eingeliefert wurde, bespuckte sie auch hier alle, die sich ihr näherten, liess sich von niemandem anfassen und stiess wüste Beschimpfungen aus, die die ganze Welt verdammten. Es ging genau zehn Minuten, dann waren Émilies Hände wie vorher im Privatspital an die Bettstatt gebunden. Lotti kam erst Stunden später, ging – trotz der Warnungen des Personals – auf sie zu, sagte: «Bonsoir, Émilie, ich heisse Lotti.»

Und erhielt die Antwort mitten ins Gesicht gespuckt. Als Lotti nicht rechtsumkehrt machte, sondern ihre Hände auf Émilies Arme legte, redete sie zum ersten Mal: «Nimm deine dreckigen weissen Pfoten von mir!»

Lotti musste innerlich lächeln: «Émilie hat mich entlarvt, ich bin eine, die Menschen unglaublich gern und manchmal auch viel zu schnell berührt.»

Sie nahm ihre Hände von Émilie, sagte, sie würde morgen wieder kommen, was mit Zetermordio beantwortet wurde, verabschiedete sich und empfahl Monsieur Konaté, der Nachtwache, Émilie ein Schlafmittel zu geben, falls sie die ganze Nacht so weiterschreien sollte.

Lottis erster Besuch am nächsten Morgen galt Émilie, nachdem sie die Kleinen aufgeweckt hatte, um ihnen die Aidsmedikamente zu geben.

«Diesmal hielt ich mich zurück, berührte sie nicht mit den Händen, sondern nur mit den Augen. Berührte nicht ihren Körper, sondern ihre Seele.»

Mit ihrem Blick hat sie Émilie ohne Worte mitgeteilt, dass sie sie nicht als Ungeheuer taxieren würde, sondern als Menschen, der seine Würde hat und Respekt verdient. Auch dann noch, wenn sein Körper voll von eiternden Wunden ist, die das Fleisch langsam verfaulen lassen, und sein Gehirn durch eine Toxoplasmose, eine häufige Begleiterscheinung von Aids, angegriffen ist.

Émilie spuckte Lotti von Stund an nicht mehr an, was sie allerdings nicht daran hinderte, Pflege- und Putzpersonal weiterhin zu markieren. Lotti betraute daraufhin Véronique, eine ihrer ältesten Mitarbeiterinnen, mit der schwierigen Aufgabe, Émilie zu pflegen.

Véronique ist eine Schwesternhilfe, die mir verdeutlicht, dass man das Wort Güte verkörpern kann. Das liegt an ihrem Lachen ebenso wie an ihren Augen, es umspielt ihren Mund, manifestiert sich in ihrer Körperhaltung. Véronique versicherte und versichert Émilie hundertmal am Tag, wie wichtig sie für die Menschen hier ist, wie lieb man sie hat, wie froh man ist, sie dazuhaben.

«Émilie», meint Lotti, «ist noch nicht so weit, dass man ihre Hände losbinden könnte, aber bespuckt hat sie schon tagelang niemanden mehr.»

Ich ertappe mich dabei, dass ich bei diesen Worten ein wenig nach hinten weiche, weil ich Émilie, die mich eingehend und mit gelinde gesagt ernstem Gesicht mustert, durchaus zumute, dass sie rückfällig werden könnte, falls ihr ein fremdes Gesicht zu nahe kommt. Aber Véroniques und Lottis Bemühungen scheinen nachhaltig Wirkung zu zeigen. Émilie begnügt sich damit, Lotti anzufauchen: «Und wer ist die dort?»

Während Lotti Émilie Antwort gibt, ziehe ich es vor, nach draussen zu gehen und Alimata einen Besuch abzustatten. Sie liegt in Embryostellung auf der Seite, grüsst mich, lächelt kein bisschen, ist aber damit einverstanden, dass ich die giftgrüne Massagesalbe hole und ihre Hände massiere. Ich setze mich zu ihr und versuche, etwas Wärme in Alimata hineinzukriegen. Beobachte, wie Arlette auf Noëls Bett sitzt und mit ihm redet. Später wird sie mir erzählen, dass Noël mit ihr über den Tod habe sprechen wollen und den Wunsch geäussert habe, wenn schon, dann hier sterben zu dürfen.

Vier Stunden später erreicht uns auf dem Nachtmarkt ein Telefonanruf von Monsieur Konaté, Noël habe einen neurologischen Ausfall gemacht. Kurz darauf, es ist inzwischen halb zehn Uhr, stehen wir an Noëls Bett. Monsieur Konaté rapportiert: «Er rief mich mit der Bitte, ihm seinen Rosenkranz umzuhängen. Kurz darauf hörte ich ihn fürchterlich schreien und fand ihn im Delirium vor. Etwa fünf Minuten später hörte er mit Schreien auf und begann sich völlig unkontrolliert zu bewegen.»

Noël liegt inzwischen ganz ruhig da. Auf seinem nackten Oberkörper das Kreuz des Rosenkranzes. Als Lotti es zurechtrücken will, kommt Bewegung in den bewusstlosen Körper. Noël verteidigt den Rosenkranz wild gestikulierend.

Lotti beruhigt ihn: «Keine Angst, ich nehme ihn dir nicht weg.»

Sie hat sich an der Kopfseite seines Bettes niedergekniet, streichelt ihm den kahlen Kopf und bittet mich, Arlette zu holen, die, nachdem sie ihre Rasselbande zu Bett gebracht hat, den Feierabend vor dem Fernseher geniesst.

Als ich sie zu Noël bitte, weiss sie sofort, worum es geht. Sie bindet sich das Tuch, das in ihrem Schoss liegt, um den Kopf, steht auf. Ich folge ihr, stolpere dabei aber schier über Alimata, die es heute vorzieht, nicht im Bett, das unter dem Vordach steht, sondern auf einer Matte unter freiem Himmel zu übernachten.

Als ich sehe, dass sie wach ist, frage ich, ob sie Schmerzen habe.

«Die eine Seite des Rückens tut so weh, dass ich nicht einschlafen kann.»

Ich setze mich zu ihr, lege meine Hand auf die Stelle, die nicht kalt, sondern heiss ist, und frage, ob sie ein kühlendes Tuch oder lieber eine wärmende Massage möchte. Alimata bittet mich, einfach bei ihr sitzen zu bleiben, bis sie eingeschlafen ist, und die Stelle zu halten, die so schmerzt. Ich beobachte, wie Arlette sich zu Noël beugt, dann mit Lotti spricht und sich langsam wieder aufrichtet. Kurz darauf steht sie so kerzengerade da, als sei sie eine Marionette an einem unsichtbaren Faden. Arlette beginnt zu singen. Ein Lied, dessen Melodie bald die Nacht erfüllt. Es ist schwierig, die einzelnen Worte zu erkennen, den sich oft wiederholenden Refrain allerdings verstehe ich bald: «Dein Vater kann dich verlassen, deine Mutter kann dich verlassen, jedermann kann dich verlassen, aber Gott, Gott bleibt dir treu.»

Arlette, die gläubige Christin, lässt das Lied schliesslich im sich nun ständig wiederholenden Refrain ausklingen, streichelt Noël über die Stirn, verlässt das Zimmer, geht zu ihren Kindern, kniet sich vor sie hin, faltet die Hände. Betet.

Alimata ist eingeschlafen, ich stehe leise auf, hole im Büro einen Stuhl, setze mich zu Noël ans Bett, nehme seine Hand in meine. Lotti befreit sich aus ihrer knienden Position, verlässt den Raum, um Noëls Grossvater anzurufen. Sie kommt mit einer Petroleumlampe zurück, setzt sich auf den Stuhl, den ihr Monsieur Konaté inzwischen bereitgestellt hat, und beugt sich zu Noël hin: «Ich weiss nicht, ob dein Grossvater die Kraft hat, vorbeizukommen. Wir werden sehen.»

Das Licht der Petroleumlampe hat etwas Tröstendes, das Gezirpe der Grillen im Hof auch. Die Ruhe im Zimmer wird nur durch das Ticken der Wanduhr gestört, die über dem dritten Bett hängt. Sie gehört Robert, der nicht schläft, sondern vor dem Fernseher sitzt. Und zwar, wie ich erstaunt feststelle, in ein paar Shorts, die ich für die Kinder mitbrachte, die für diese aber viel zu gross sind. Was meinem zwölfjährigen Sohn einst passte, passt hier einem Dreiunddreissigjährigen. Ich habe ihm heute Nachmittag gesagt, wie schön die Uhr sei, und er hat sich riesig darüber gefreut. Das Zifferblatt ziert ein blond gelockter Jesus, der seine Hände ausbreitet und dessen Herz nicht in seiner Brust schlägt, sondern darüber. Das Bild erinnert mich an ein Gemälde, das bei meinen Urgrosseltern über dem Bett hing.

Inzwischen ist Noël ganz ruhig, keine unkontrollierten Bewegungen mehr. Ich erkenne, dass ich die Gelegenheit verpasst habe, ihn zu fragen, ob ich das Bild, das ich vor zwölf Stunden zu seiner Freude von ihm gemacht habe, veröffentlichen dürfe, um der Welt sein Strahlen zu zeigen. Die Erlaubnis gibt mir später sein Grossvater.

Die Atemzüge Noëls werden langsamer, der Puls unter meinen Fingern hingegen rast. In Noëls Gesichtszügen spielt sich eine rasante Verwandlung ab. Innert einer Stunde wird der Siebzehnjährige zum Greis. Es ist, als ob eine Raupe es eilig hat, sich zu verpuppen, damit sie möglichst bald als Schmetterling die Hülle sprengen kann.

Noël lehrt mich, dass der Tod nicht dieser in einen dunklen Mantel gehüllte Sensenmann ist. Der Tod ist, zumindest in diesem Moment, etwas, das hell ist und nicht Furcht, sondern Frieden verströmt. Etwas, das nicht schreitet, sondern fliegt. Sterben verliert für einige Sekunden seinen Schrecken. Der Tod sein Grauen. In Noëls Gesicht liegt ein Frieden, den ich bis anhin nur bei Aïcha gesehen habe. Ihr Sterben damals und das von Noël jetzt lehren mich noch etwas anderes: Geburt und Tod haben beide ihre Gesetzmässigkeiten und sind sich vielleicht viel näher, als uns lieb ist.

Ein Geräusch holt meine Aufmerksamkeit ins Zimmer zurück. Lotti ergeht es gleich. Wir schauen uns danach um und lächeln uns zu.

Der blinde Felix ist aufgewacht, hat sich aufgesetzt und streicht wieder mal die Falten aus seinem Leintuch, die ihn offensichtlich wirklich entsetzlich stören. Als er damit fertig ist, steht er auf, streckt sich, hebt abwechselnd erst den einen, dann den andern Arm, macht dann Schritte an Ort, setzt sich wieder, streicht erneut die Falten aus dem Leintuch, legt sich hin, zieht vorsichtig die Tagesdecke über sich.

«Felix, brauchst du etwas?»

«Ja, eine Wolldecke bitte.»

Als Lotti sie über ihm ausbreitet, sagt sie: «Noël stirbt.»

Felix nickt: «Ich weiss.»

Wieder zurück, setzt sie sich auf Noëls Bettkante, legt beide Hände auf seine Brust und flüstert: «Lange geht es nicht mehr, Noël, du hast es bald geschafft.»

Und kurz darauf hört Noël tatsächlich auf zu atmen. Doch dann holt er – als ich es längst nicht mehr erwarte – plötzlich mit einem tiefen Seufzer noch einmal Luft. Atmet wieder. Regelmässiger. Nach einer ganzen Weile hört er abermals auf. Und beginnt von neuem.

Als es draussen ans Tor poltert, erschrecke ich. Monsieur Konaté geht hin, fragt, wer da sei und was man wolle, und lässt dann Noëls Grossvater rein. Lotti geht ihm entgegen, geleitet ihn herein. Er weint leise, faltet die Hände und betet. Er schafft es nicht, seinen Enkel ein letztes Mal zu berühren, und nickt Noël kaum merklich zu, als er rausgehen muss, weil er es hier nicht mehr aushält. Seine Lippen bewegen sich dabei ganz leicht. Zwei Minuten später, Roberts Uhr zeigt zehn nach zwölf, legt sich Entspannung über Noëls Gesicht. Anders als bei Aïcha. Aber auch bei ihm wiederholt sich die Erkenntnis, dass wir, wenn wir kommen, weinen, und wenn wir gehen, lächeln.

Während Lotti mit Monsieur Konaté Noëls Körper in die Leichenhalle trägt, setze ich mich zum Grossvater auf die Bank vor der Apotheke. Als Lotti kommt, verabschiede ich mich und gehe durch den wegen eines Stromausfalls gänzlich dunklen Slum zum Ambulatorium. In der Hoffnung, dass Ouattara mich nicht sieht, schleiche ich mich hinein. Doch Ouattara wäre ein schlechter Nachtwächter, wenn er mich nicht bemerkt hätte. Aber er spürt, dass ich heute nicht mehr schwatzen will, grüsst mich wortlos, lässt mich ziehen.

Dienstag, 9. März

Um Viertel vor sechs Uhr schrillt mein Wecker. Ich hätte ihn ebenso gut schon vor einer Stunde abstellen können, als ich weinend aufgewacht war. Der Traum verschwand, zusammen mit den Tränen, bei meinem ersten klaren Gedanken. Dieser gehörte Noël. Dem Jungen, von dem ich so wenig weiss und dem ich mich trotzdem so nahe fühle. Er hatte das Alter meiner Tochter, er hätte – ich beginne wie Lotti zu denken – mein Sohn sein können. Jetzt ist er tot. Er war, das hatte er mir erzählt, aufs Gymnasium gegangen. Lotti hatte ihm versprochen, einen Privatlehrer zu engagieren, der ihn am Krankenbett unterrichtet. Die grosse Tafel, die eigens für diesen Zweck organisiert wurde, steht nun in der Ecke, in die abends der Fernseher gestellt wird. Ich habe Noël nicht gefragt, was er einst werden möchte. Weil er gemerkt hätte, dass ich Konversation mache, um der Wahrheit nicht ins Gesicht schauen zu müssen. Eine Wahrheit, die er selbst nicht verleugnete, sondern im Gespräch mit Arlette sogar von sich aus thematisierte. Weil er selbst die Kraft dazu hatte? Oder weil ihm die Atmosphäre hier die Möglichkeit gab, über seinen Tod zu sprechen? Lotti erzählte mir einst eine Geschichte, die mir jetzt wieder in den Sinn kommt. Sie handelt von Vanessa.

Vanessa, ein neunjähriges Mädchen, kam mit seiner Grossmutter ins Ambulatorium. Mutter und Vater waren gestorben, Vanessas Allgemeinzustand verriet woran: Aids. Vanessa wurde positiv getestet. Lotti nahm die Hände der Grossmutter in ihre: «Wir sind da, wenn Sie uns brauchen.»

Die Grossmutter bat Lotti, Vanessa hier lassen zu dürfen, sie ertrage den ständigen Durchfall ihrer Enkelin nicht mehr. Nicht weil es sie störe, die Kleine zu säubern, sondern weil sie in einem Hof unter einem löchrigen Blechdach wohnten und keine Tür hätten, die sie vor neugierigen Augen schützte. Ausserdem habe sie nur dann etwas zu essen für die Kleine, wenn sie sich ein paar Francs zusammengebettelt habe, was mitunter Tage dauern könne. Damals war das Sterbespital noch im Bau, und die Patienten, die unbedingt hospitalisiert werden mussten, lagen im Ambulatorium. Die wenigen Betten, die es gab, waren alle besetzt. Also holte Lotti die grosse Matratze aus ihrem Gästezimmer, legte sie im Labor auf den Boden, und Vanessa und ihre Grossmutter hatten ein Zimmer ganz für sich allein.

Die Grossmutter kümmerte sich rührend um ihre Enkelin, der es – dank der regelmässigen und proteinreichen Nahrung – schon bald etwas besser ging, so dass sie sich unter den Sonnenschirmbaum setzen und mit den anderen Kindern spielen konnte. Doch alles Aufpäppeln half nichts, bald nahm der Durchfall wieder zu, und Vanessa lag nur noch im Bett. Lotti ging oft zu ihr, streichelte sie, sagte ihr, wie schön sie sei, und versuchte ihre Schmerzen mit Medikamenten zu lindern. Dann, es war an einem Sonntagabend, löste Lotti die Grossmutter ab, die einen Spaziergang machen wollte und nicht damit rechnete, dass ein Regen mit Donner, Blitz und Sturm über dem Slum niedergehen würde. Die schweren Tropfen schlugen derart auf Boden, Dach und Mauern, dass man das eigene Wort nicht mehr verstand. Also sass Lotti neben Vanessa auf der Matratze, und die beiden sprachen mit den Augen.

Nachdem die Wolken sich verzogen und der Dämmerung Platz gemacht hatten, fragte Vanessa: «Madame Lotti, darf ich dir Mami sagen?»

«Ja, das darfst du. Sag, warum möchtest du das?»

«Weil», meinte die Kleine daraufhin und sah Lotti unverwandt an, «weil ich sterbe.»

Lotti erwiderte den Blick. «Das spürst du, Vanessa?»

Die Kleine antwortete, natürlich merke sie das, sie sei ja schliesslich schon auf dem Weg. Lotti blieb für einmal nicht sitzen, sondern stand auf, ging nach draussen. Atmete tief durch. Schluckte an Tränen runter, was möglich war. Die Hände zusammenpressen, die Lippen. Einatmen. Ausatmen. Mit jedem Atemzug tiefer Luft holen, sich beruhigen, nicht schreien, nicht anklagen, nicht fragen: «Warum gerade Vanessa?»

Lotti gelang es, sich zu sammeln und das zu tun, wozu Vanessa sie indirekt aufgefordert hatte, sie ging zurück ins Zimmer und redete mit ihr über den Tod.

«Wie merkst du, dass du stirbst?», begann sie das Gespräch.

Es gebe kein Wie, es sei einfach da, nicht als Gefühl, sondern als Gewissheit.

Lotti fragte, ob sie Schmerzen habe, ob das Sterben ihr wehtue.

«Nein, überhaupt nicht, nicht einmal der Gedanke, dass ich bald nicht mehr hier bin, schmerzt mich. Vielleicht tönt das jetzt so, als würde ich lügen, aber ich fühle mich wohl. Ruhig. Darf ich heute bei dir schlafen, Mami?»

In diesem Moment kam die Grossmutter rein, von oben bis unten durchnässt, Lotti reichte ihr ein Frottiertuch, liess ihr Zeit, die Kleider zu wechseln, und fragte sie dann, ob sie etwas dagegen hätte, wenn sie Vanessas Wunsch nachkäme. Die Grossmutter sah darin kein Problem, und so wurde die kleine Vanessa die steilste aller Treppen hinaufgetragen und verbrachte ihre letzte Nacht neben ihrer neu erworbenen Mami.

So schnell das Kind schlief, so unmöglich war es Lotti «wegzutauchen». Die Gefasstheit, mit der Vanessa ihrem nahen Tod entgegensah, liess sie nach dem Grund dafür suchen. Vielleicht gehen Kinder ruhiger, weil sie nicht daran denken, was sie noch alles verpassen könnten. Vielleicht, weil sie den Tod nicht als Ungerechtigkeit ihnen gegenüber empfinden, ihn nicht persönlich nehmen, sondern als von der Natur gegeben. Vielleicht, weil sie die Frage «Warum gerade ich?» noch nicht stellen.

Vanessa hatte auch sonst keine Fragen. Sie erwachte am Morgen, sagte: «Danke!» und fiel, kurz nachdem man sie wieder ins Labor getragen und zu ihrer Grossmutter gelegt hatte, ins Koma.

Als ich auf die Uhr schaue, realisiere ich, dass ich die Zeit vergessen habe und mit Duschen heute wohl nichts mehr wird. Also bleibe ich liegen, denke an meinen an Aids verstorbenen Freund in der Schweiz, frage mich, wieso ich nicht die Kraft hatte, mit ihm über seinen baldigen Tod zu sprechen. Weil er es nicht wollte? Oder weil ich es nicht konnte? Warum habe ich damals nicht einfach gefragt: «Wollen wir reden?» Wie oft schon habe ich von Bekannten gehört, dass sie genau dies auch nicht geschafft haben. Obwohl sie genau wussten, wie wenig Zeit dem anderen noch blieb, nutzten sie sie nicht. Genügt der Satz «Er hat es nicht gewollt» als Entschuldigung?

Mein Vater wird dieses Jahr achtzig Jahre alt. Es geht ihm gut, er ist nach wie vor ein Krampfer. Entweder hackt er Holz für seinen Kachelofen, oder er schleudert den Honig seiner Bienen. Zur Entspannung liest er jede Zeitung, die ihm in die Hände kommt, oder spielt Karten. Manchmal tönt er an, dass es mit ihm vielleicht nicht mehr lange gehe, und wir, seine vier Kinder, sagen dann: «So wie du noch beisammen bist?» Und würgen damit das ab, was er uns mit seinem Satz anbietet: Ein Gespräch über das, was wir nicht wahrhaben wollen. Dabei gibt uns sein Alter die gleiche Chance, die uns eine tödlich verlaufende Krankheit gibt: darüber zu reden. Den Tod beim Namen zu nennen.

Alter wie Krankheit geben jedem von uns die Möglichkeit, den anderen in die Arme zu schliessen und zu sagen, wie sehr wir ihn lieben. Nur packen wir sie oft nicht. Warum habe ich es noch nicht geschafft, meinem Vater zu danken? Dafür, dass er mich gelehrt hat, wie wunderbar die Natur ist, dafür, dass er stundenlang den Wald mit uns durchforstet hat, auf der Suche nach Geheimnissen. Für uns die Samen der Tannzapfen herausbrach und sie fliegen liess. Uns an einer Quelle aus grossen, beinahe runden, glattflächigen Blättern Gläschen faltete, damit wir trinken konnten wie Elfen?

Genügt es, dass ich weiss, dass er einst keinen Grabstein haben, sondern im Gemeinschaftsgrab neben seinen beiden bereits verstorbenen Brüdern liegen will? Oder sollte ich mehr wissen, sollte ich ihn fragen, welchen Pfarrer er wolle und ob dieser etwas Bestimmtes sagen solle?

Ein plötzlicher Unfalltod, ein plötzliches Herzversagen lassen uns keine Zeit. Alter und Krankheit hingegen schon. Warum also nehmen wir die Gelegenheit nicht wahr? Weil wir zu beschäftigt sind, um uns mit dem zu beschäftigen, was uns beschäftigen sollte? Weil wir vor lauter Überlebenwollen das Ende einfach ausblenden?

Als Lotti in der Schweiz war, starb der Sohn einer ehemaligen Schulkollegin von ihr. Er hiess Thomas. Thomas stieg zu einem Freund aufs Motorrad. Ein schnelles Motorrad. Zu schnell für die enge Kurve. Der Bus, der kam, liess den beiden keine Chance. Dass Lotti zu diesem Zeitpunkt gerade hier war und Thomas' Eltern trösten konnte, war vielleicht ein Zufall. Als sie von der Beerdigung zurückkam, fragte ich sie, ob es möglich sei, Eltern, die einen solchen Verlust erlitten hatten, zu trösten.

«Ich versuchte ihnen zu erklären, wie schön es sei, dass ihr Sohn zwanzig werden konnte. Wie schön, dass Thomas so viel hatte lernen und erleben können. Wie schön, dass er die Liebe kennen lernen durfte und zurückschauen konnte auf eine behütete Kindheit. Wie schön, dass er wissen konnte, was für einen Wert er für seine Freunde, seine Eltern, seine Freundin hatte. Ich sagte ihnen, sie sollten versuchen, dafür zu danken, was er alles gehabt habe, und nicht darüber klagen, was er alles nicht mehr haben wird. Ich bat sie, es als Geschenk zu nehmen, dass sie ihn lachend und vor Lebenslust strotzend in Erinnerung behalten können und ihn nicht im Koma liegend erleben mussten, aus welchem er – wenn überhaupt – höchstwahrscheinlich nicht mehr als Thomas, wie sie ihn kannten, erwacht wäre. Und ich sagte ihnen, manchmal seien es die Kinder, die ihre Eltern im Himmel abholten, auch wenn dies eigentlich umgekehrt geplant wäre.»

Bei diesen Worten musste ich an ein Lied von Eric Clapton denken, das ebenso traurig wie wunderschön ist. Er schrieb es 1991, nachdem sein vierjähriger Sohn Conor aus dem Fenster zu Tode gestürzt war. Die feste Stimme, mit welcher er die Worte singt, die er an seinen Sohn richtet, zeugt davon, wie erfolgreich diese Form von Trauerarbeit für den Vater gewesen sein muss. Das Lied trägt den Titel «Tears In Heaven», und Eric Clapton fragt seinen kleinen Sohn darin, ob er seine Hand halten werde, wenn er ihn im Himmel sehe. Eine Strophe des Liedes sagt, mit anderen Worten, genau das, was Arlette gestern gesungen hat: «Die Zeit kann dich fertig machen. Die Zeit kann dich einsam machen. Die Zeit kann dein Herzen brechen, dich betteln lassen. Doch hinter der Türe ist Frieden, da bin ich sicher, und ich weiss, ‹there'll be no more tears in heaven›, im Himmel wird es keine Tränen mehr geben.»

Keine Dusche heute und auch kein Frühstück. Kein Hunger. Ich gehe hinunter ins Sterbespital, treffe auf halbem Weg Lotti, die unterwegs zum Kiosk ist, überlege kurz, ob ich nicht doch auf einen Tee mitkomme, entscheide mich dagegen. Als ich zum Tor des Sterbespitals komme, stosse ich um ein Haar mit Aimé zusammen, der unterwegs zum Gymnasium ist. In der Hand hält er das Geld fürs öffentliche Taxi. Er habe heute Deutsch, erklärt er, fragt dann, ob ich ihm am Abend bei den Hausaufgaben helfe. Ich verspreche es, und er humpelt mit seinem eingebundenen Fuss zufrieden davon.

Mamadou scheint wieder zu Hause zu sein, denn Alphonse liegt, wo er nicht liegen will. Alimata sitzt auf ihrer Matte unter freiem Himmel. Ich knie mich kurz zu ihr, streichle über ihr Gesicht, und – tatsächlich – da ist es: ein kaum sichtbares Zucken der Mundwinkel. So verhalten, dass es sich nicht in ihren Augen spiegelt.

Bevor ich zu den Kleinen gehe, die sich gerade an den niedrigen Tisch setzen, den ihnen Lotti – zusammen mit sechs Stühlchen und den Worten: «Ab sofort wird nicht mehr auf dem Boden gegessen!» – geschenkt hat, schaue ich bei Felix vorbei. Er sitzt auf dem Bett, faltet mit grösster Sorgfalt und sehr bedächtig sein Leintuch.

«Guten Morgen, Felix.»

Auch sein Lächeln findet keinen Widerhall in den toten Augen, dafür in jeder Pore seines Körpers. Die Freude, Besuch zu bekommen, springt mich förmlich an.

«Weisst du, wo YaYa ist?», fragt er.

Nein, ich weiss es nicht, aber seit ich hier angekommen bin, vermisse ich diesen jungen Mann, der, wenn er lacht, ein Gefühl von Wonne im Sterbespital verbreitet. Und – das wird mir erst jetzt bewusst – ich vermisse dieses Bild, dem ich im letzten Juni den Titel gab: «YaYa und der blinde Felix auf ihrem gemeinsamen Weg». Es steht für das, was hier passiert, für das, was Lotti vorlebt. YaYa geht nicht neben Felix her und führt ihn, er steht auch nicht hinter ihm und stösst ihn. Nein, er geht vor ihm, hält Felix' Hände und – zieht ihn. Felix gibt dabei das Tempo an. Jeden Tag geht es etwas schneller, jeden Tag entwickelt der Blinde mehr Vertrauen.

YaYa schleppte beim Bau des Sterbespitals Beton, und als das Haus stand, fragte er Lotti, ob er weiterhin für sie arbeiten dürfe. Auf ihre Bemerkung hin, dafür sei er vielleicht noch ein bisschen gar jung, meinte er, versuchen könne man es ja. Er hat mir einmal erzählt, dass die ersten Tage tatsächlich sehr schwierig waren, aber es habe nicht lange gedauert, dann sei es für ihn einfach normal gewesen, die Menschen zu pflegen, die niemand mehr haben wolle, und – fürs Windelnwechseln gebe es ja Handschuhe.

Ich verspreche Felix, Lotti zu fragen, wo sein Lieblingspfleger stecke, und ihm dann Bescheid zu geben.

Felix erwähnt die gestrige Nacht und Noëls Tod mit keinem Wort. Und weil ich etwas über Noël sagen möchte, frage ich ihn, ob er wisse, wer da in Noëls Bett schlafe.

«Klar», sagt er, «das ist doch Frank.»

Jetzt erinnere ich mich, er lag bis jetzt im Hof. Mit einer Blutvergiftung, die nicht mehr zu stoppen ist. Die Schmerzen, die ihm sein komplett vereiterter Körper verursacht, treiben ihn knappe zwei Wochen später – als ich schon längst wieder zu Hause bin – so weit, den Hals einer Hustensaftflasche abzuschlagen, um sich mit den Scherben die Pulsadern aufzuschlitzen. Seine Kraft reichte nicht. Erst vier Tage später trat das ein, was er so sehnlich herbeigesehnt hatte – absolute Schmerzfreiheit.

Leise gehe ich an Frank vorbei zur offenen Tür der Leichenhalle, in der Noël, mit einem Tuch bedeckt, liegt. Die Sonne fällt auf seine Brust. Unter dem Stoff zeichnet sich der Rosenkranz ab. Als ich mich abwende, stehe ich vor seinem Grossvater. Er habe, sagt er, bereits alles organisiert, Noël werde in zwei Stunden abgeholt.

Dann meint er: «Ich möchte Ihnen Danke sagen, dass Sie ihn gestern nicht allein gelassen haben. Ich habe es leider nicht geschafft, im Zimmer zu bleiben.»

Nach einer Pause: «Ich wünschte, ich hätte es gekonnt.»

Ich versichere ihm, dass Noël sein Kommen gespürt habe. «Dass Sie nicht die ganze Zeit im Zimmer waren, spielt keine Rolle, Sie waren da, allein das zählt.»

Er nimmt den Trost mit einem Kopfnicken entgegen, fragt dann nach Lotti. Und bevor ich ihm erklären kann, sie sitze wohl noch beim Frühstück, höre ich sie draussen hupen. Wohl weil die Hühner mit ihren Küken zu langsam Platz für ihren Geländewagen machen.

Lotti nimmt sich Zeit für den Grossvater. Zeit, die ich mit Emanuel, Willy, Christ, Mohamed und Antoine verbringe. Wir bauen die Duplo-Eisenbahn zusammen, sind dabei alle sehr zufrieden und glücklich. Bis Emanuel findet, die Lokomotive mache sich in seiner Hand besser als in der von Mohamed. Der Kleine wehrt sich, indem er dem Grösseren die Lokomotive auf den Kopf haut, was ein zweistimmiges Gebrüll verursacht. Antoine erschrickt ob dem Zetermordio, beginnt ebenfalls zu weinen. Einzig Christ ist glücklich und zufrieden. Er hat sich in die Duplo-Kiste gesetzt und schöpft nun aus dem Vollen. Was wiederum Willy stört, der auch dort sitzen will.

Trösten, trösten, trösten. Erst die zwei Streithähne, dann Willy, dann Antoine, das süsseste Baby, das ich je gesehen habe. Ich lege ihn mir bäuchlings auf den Arm, tue, als liesse ich ihn fallen, und freue mich an seinem vergnügten Quietschen. Allerdings nicht lange, denn bald bin ich umringt von den anderen vier, die das, was Antoine gerade erlebt, auch haben wollen. Weil ich nicht fünf Kinder durch die Luft wirbeln will, husche ich in Lottis Büro und komme mit Seifenblasen zurück. Zaubere regenbogenfarbene Kugeln in die Luft, die sich auf kleine Nasen und Ohren und Fingerspitzen setzen und dort zerplatzen. So schnell kann sich das Glück in Nichts auflösen, so blitzschnell kanns gehen. Ich kann noch nicht wissen, dass Antoine, der negativ ist, im Juli 2004 an einem Hirnausfall sterben wird – und Mohamed Ende August 2004 an einem epileptischen Anfall.

Nachdem Noëls Grossvater sich verabschiedet hat, gehe ich zu Lotti, um mich nach YaYa zu erkundigen.

«Er hat frei genommen, er wird morgen wieder kommen, vermisst du ihn?»

«Vor allem Felix vermisst ihn.»

«Ah, das habe ich ganz vergessen, ich hätte es ihm sagen müssen, so was Blödes! Weisst du, obwohl YaYa kein Wort Englisch spricht und Felix keines auf Französisch und obwohl zwischen den beiden sicher vierzig Jahre liegen, verstehen sie sich blendend. Also geh schnell, sags ihm, und danach müssen wir in die Stadt!»

In die Stadt? Lotti hat den Termin fast vergessen. Sie wurde von der «Vereinigung internationaler Frauen der Elfenbeinküste» eingeladen, einen Vortrag über ihr Sterbespital zu halten. Und zwar heute um elf Uhr. Zehn Minuten später scheuchen wir die drei Hühner mit ihrem noch vollzähligen Nachwuchs auf, fahren am Ambulatorium vorbei und zur Hauptstrasse rauf.

Plötzlich tritt Lotti auf die Bremse: «Die Frau aus Ghana! Total vergessen, die braucht doch das Geld für den Bus zurück in ihre Heimat!»

Sie würgt den Rückwärtsgang rein und fährt holterdiepolter zum Ambulatorium, wo die von ihrem Schwager misshandelte Frau samt ihren beiden Kindern geduldig auf der Bank sitzt und wartet. Lotti gibt ihr mehr, als sie braucht, damit sie sich Proviant für die Reise besorgen kann.

Eine halbe Stunde später stehen wir im Stau, und ich bekomme eine leise Ahnung davon, was es heisst, mit einer drei Monate alten Tochter und einem drei Jahre alten Sohn während zwei Tagen in einem Bus von Abidjan nach Ghana zu reisen. Der Stau wurde durch einen Bus verursacht, der offenbar einen Achsenbruch erlitt. Auf seinem Dach ist unter Planen packenweise und meterhoch Gepäck verstaut. Die Menschen, die sich im Bus befinden und – in der Hoffnung, der Bus fahre gleich weiter – nicht bereit sind, diesen zu verlassen, stehen so dicht gedrängt, dass ich vermute, man habe die Sitze herausmontiert, um möglichst viele Passagiere transportieren zu können. Lotti schüttelt den Kopf, bestätigt dann aber meinen Verdacht, dass die Frau mit den beiden Kindern in einem solchen Gefährt nach Ghana reisen wird. Bis die Strasse so weit geräumt ist, dass wir weiterfahren können, stellt Lotti den Motor und somit auch die Klimaanlage ab. Wir öffnen die Fenster, was überhaupt nichts hilft. Kein Hauch von Wind.

«Wir kommen zu spät, Lotti.»

«Und werden immer noch die Ersten sein. Es ist interessant, wie schnell sich die afrikanische Unpünktlichkeit überträgt.»

Auf unserer Fahrt kommen wir durch Cocody, das nobelste der zehn Quartiere Abidjans.

«Luxuriöse Bauten, Botschaftssitze, französische Schulen, das Kunstinstitut, die Radio- und Fernsehstation, alles befand sich in diesem kulturellen Zentrum», erzählt Lotti, «es kamen hier oft Autokonvois mit Regierungsoberhäuptern durch. Vorne und hinten schwere Motorräder mit Blaulicht, das ganze Brimborium. Als die Unruhen begannen, wurde Cocody geschlossen, die Ausländer packten ihre Ware zusammen, die Schulen machten zu. Sieh, wie alles zerfällt.»

Nun, viel zu sehen gibt es nicht. Die Häuser sind durch hohe Mauern geschützt. Die Strasse allerdings, die lässt sich nicht verstecken: Sie ist von zum Teil beängstigend tiefen Löchern aufgebrochen.

Im Konferenzraum des Hotels im vierzehnten Stock angekommen, sind wir tatsächlich die Ersten. Und nach der Fahrt im Lift bin ich überzeugt, dass wir auch die Letzten bleiben werden. Es war ein schauderliches Rucken und Zucken, und ich fragte mich, wann der Lift wohl das letzte Mal kontrolliert worden war. Lotti nutzt die Zeit, um mir vom Fenster aus den Swimmingpool zu zeigen, der das Hotel umgibt. Riesig! Enorm! Er könnte bestimmt als grösster Hotelpool weltweit ins «Guinness Buch der Rekorde» kommen. Wenn er Wasser hätte. Hat er aber nicht. Die politische Krise setzt auch der Hotellerie arg zu. Der Glanz blättert von den fünf Sternen ab, die Teppiche riechen nach Moder, die Uniformen der Hotelangestellten sind schlecht gebügelt. Der drohende wirtschaftliche Kollaps des Landes zeigt sich hier in einer Deutlichkeit, die sich nicht vertuschen lässt.

Als die Frauen kommen, ist denn auch genau dieser Niedergang das Thema. Hat man früher für Benefizveranstaltungen noch mit ein paar wenigen Telefonanrufen tollste Lotteriepreise von der Wirtschaft zugesagt bekommen, muss man sich heute mit nichts zufrieden geben. Die Schar der gut situierten Frauen – in deren Vereinigung Lotti früher auch Mitglied war und von denen zwei regelmässig bei der Mütterberatung im Slum mithelfen – ist von hundert auf knapp zwanzig zusammengeschrumpft. Es wird schnell klar, dass das einst so angenehme Leben in Luxus einer Ungewissheit gewichen ist, die für alle Hiergebliebenen schwer auszuhalten ist. Die Damen hängen Lotti an den Lippen, bringen Ideen auf den Tisch, wie sie ihr helfen wollen. Eine bietet sich an, jeden Mittwoch ins Sterbespital zu kommen, um mit den Kindern zu basteln. Sie wird allerdings nie kommen.

Die gedrückte Stimmung wird schliesslich von der Bemerkung einer Frau etwas aufgelockert, die Lotti mit den Worten dankt: «Es ist so schön, wie normal du wieder geworden bist!»

Anscheinend wissen alle, wovon sie redet. Ich mache mich nach der Versammlung kundig.

«Ach wissen Sie», meint die dezent geschminkte Dame, «es gab eine Zeit, da war Lotti ‹Revolte pur›. Sie verdammte jedes gute Essen, sie lebte von Suppe und Brot, und wenn ich sie zufällig in der Stadt traf, schämte ich mich zutiefst für meinen Mercedes mit Chauffeur. Ich versuchte ihr zu erklären, dass auch ich nicht jeden Tag Kaviar esse und Korken teurer Champagner knallen lasse, und realisierte, dass Lotti dies gar nicht hören wollte und ich es bloss sagte, um mein schlechtes Gewissen zu beruhigen. Tatsache aber war, dass ich – wenn ich von da an in die Stadt ging – hoffte, Lotti nicht zu begegnen. Und heute, heute lacht sie wieder, heute kann ich sie, wenn ich sie zufällig treffe, zu Kaffee und Kuchen einladen, ohne dass ich mich daran verschlucke. Lotti ist weicher geworden, zufriedener, ausgesöhnter. Lotti ist wieder Lotti. Und lässt mich mich selbst sein.»

Im Auto meint Lotti: «Nun, sie hat Recht, ich war ein Ekel. Es dauerte, bis ich realisierte, dass ich niemandem seinen Reichtum streitig machen muss. Jeder nach seiner Façon. Nur schon, dass sie heute alle gekommen sind, zeugt von ihrem Engagement. Ich lebe besser, seit ich mich damit abfinde, dass nicht alle das tun wollen, was ich tun will. Auch wohlhabende Menschen haben ein gutes Herz. Leider hatte ich das zeitweise vergessen.»

Massgeblich Schuld daran trug eine Freundin, zu der sie einmal ging, um etwas Ablenkung zu finden.

«Ich hatte die ganze Nacht nicht geschlafen, weil eine Mutter zu mir gekommen war, die bereits zwei Kinder verloren hatte und mir nun ihr drittes brachte. Es war ein Mädchen. Sie hiess Marie und war knappe vier Monate alt. Die Mutter sagte mir, sie habe nicht die Kraft, es alleine in den Tod zu begleiten, und fragte mich, ob ich ihr helfen würde. Als ich meiner Freundin diese Geschichte erzählte, weinte ich. Und sie meinte: ‹Was weinst du auch, sie hat drei Kinder verloren, macht nichts, sie wird drei neue machen, das geht bei denen ja so schnell wie bei den Karnickeln.›»

Noch heute, drei Jahre nach diesem Erlebnis, blitzt der Zorn in Lottis Augen über diese unverschämte Bemerkung, die sie damals geradezu in die Einsiedelei trieb. Es habe eine Zeit gegeben, in der sie geglaubt habe, nie mehr lachen zu können.

Auf der Rückfahrt halten wir bei einem Imbissstand, der in dicken Rauch gehüllt ist. Das Fleisch, das auf Spiesschen steckt, ist denn auch mehr geräuchert als gegrillt. Aber es schmeckt gut. Wir erhalten es in alte Endlos-Computerausdrucke eingewickelt und gehen damit zu einem nahe gelegenen kleinen Restaurant, wo wir Wasser bestellen.

Es könnte gemütlich sein, wenn nicht ständig kleine Rinnsale von Schweiss, der Gravitation Folge leistend, ihren Weg über meinen Körper suchen würden. Es könnte entspannt sein, wenn es mir gelänge, Noël ziehen zu lassen. Aber er ist noch sehr nah.

«Gestern kam mir der Gedanke, dass sich Geburt und Tod vielleicht näher sind, als uns lieb ist.»

«Schön gesagt. Für mich ist es schon länger so. Der Tod ist die Geburt ins ewige Leben. Oft fragen mich Sterbende, ob der Tod schmerzhaft sei. Meine Antwort darauf ist immer dieselbe: Man sagt, die Geburt müsse für das Baby unglaublich schmerzvoll sein, doch niemand erinnert sich an diesen Schmerz. Genauso ist es wohl mit dem Tod. Falls er schmerzhaft ist, was ich nicht weiss, werden wir diesen Schmerz vergessen, weil es danach nur schön, hell und warm ist.»

«Du glaubst ans Paradies?»

«Ich mag dieses Wort nicht, ich nenne es ewiges Leben. Ja, ich glaube, dass es weitergeht. Weil ich überzeugt davon bin, dass Gott oder Allah oder wie auch immer wir diese Macht nennen wollen, die Ungerechtigkeit auf der Welt wieder gutmachen will. Im Himmel werden die Letzten die Ersten sein, da bin ich überzeugt. Die, die hier unten am meisten gelitten haben, werden dort oben am glücklichsten sein. So stelle ich mir das vor. Das Leben ist ein Tunnel. Für die einen ist er dunkler als für die anderen. Am Ende ist Licht.»

«Und für die, die aus einer immensen Dunkelheit kommen, ist das Licht umso strahlender?»

Lotti nickt. «Es muss einen Ausgleich dafür geben, dass Gott eine Fehlentscheidung machte.»

«Fehlentscheidung?»

«Er hat den Menschen die Wahl gelassen. Die Wahl …, gut zu sein oder böse!»

«Beides steckt in jedem drin, das stimmt, und die Entscheidung, welche Seite wir leben, liegt allein bei uns.»

«Ich denke, er beisst sich dort oben manchmal in die Stirn für diese Fahrlässigkeit.»

Ich lache bei der Vorstellung, dass ein Mann mit Heiligenschein und weissem Bart, auf einer dicken Wolke hockend, versucht, sich die Zähne in den Kopf zu schlagen.

«Es gibt ein schönes Zitat, das ich allerdings nur dem Sinne nach wiedergeben kann», meint Lotti, besinnt sich kurz, «‹Gott möchte ich nicht sein, ich könnte das Leiden der Menschen nicht ertragen›.»

Später suche ich nach dem Urheber dieser Weisheit und stosse auf den Philosophen Arthur Schopenhauer, der 1860 starb, das Zitat heisst: «Wenn Gott diese Welt geschaffen hat, möchte ich nicht dieser Gott sein, denn das Elend der Welt würde mir das Herz zerreissen.»

«Hat Gott für dich ein Gesicht, Lotti?»

«Kein Gesicht, nein. Aber wir müssen ihm ein Gesicht geben, das ist schon richtig. Wer sich ein Bildnis machen kann von Gott, der – das habe ich oft …»

«Und was ist mit dem ersten Gebot, du sollst dir kein Bildnis …?»

«Gebote kann man interpretieren, das, was ich beobachte, nicht: Wer sich Gott vorstellen kann, stirbt leichter. Und wer leichter stirbt, macht es sich und seinen Angehörigen einfacher. Ich wünschte mir, dass der Tod in der Erziehung unserer Kinder eine Rolle spielen würde, dass wir ihn thematisierten. Die Verdrängung ist himmelschreiend. Hier beispielsweise sagt man den Kindern nicht, die Mutter sei gestorben, man sagt ihnen, sie sei verreist. Vor etwa drei Monaten starb eine junge Frau bei mir. Die ganze Familie war anwesend, was an sich schon an ein Wunder grenzt. Sie sassen am Bett, sie beteten, es war gut. Nur hatten sie ihren siebenjährigen Sohn in der ganzen Trauer im Hof sitzen lassen. Ich fragte den Vater, ob ich mit dem Kleinen reden dürfe, und auf sein Ja hin warnte ich ihn, dass ich ihm die Wahrheit sagen und keine Märchen auftischen würde. Er bat mich, genau dies zu tun. Ich ging also raus, setzte mich zu dem Kleinen hin, fragte, ob er wisse, was mit seiner Mutter passiere. Er schüttelte den Kopf und schaute mich mit grossen Augen an. ‹Weisst du, was ein Engel ist?›, wollte ich nun von ihm wissen. Und wieder machte er grosse Augen und wieder schüttelte er den Kopf. Ich nahm ihn bei der Hand und begleitete ihn ins Zimmer, setzte mich neben seine Mutter, die im Koma lag, nahm ihn auf den Schoss und sagte zu seinem Vater, es werde wohl langsam Zeit, dass sein Sohn erfahre, was ein Engel sei.»

«Und dann hast du dem Kleinen gesagt, ein Engel trage ein langes weisses Gewand und habe Flügel?»

«Ja, so ähnlich. Ich habe ihm erklärt, Engel seien grosse, starke Frauen mit wunderbar vollem Haar, und es gebe unter den Engeln ganz besondere Gestalten, die nenne man Schutzengel, und seine Mutter sei auf dem Weg, ein solcher zu werden. Sie tue dies allerdings nicht, weil sie ihn nicht lieb habe, denn es gebe niemanden, weder hier bei uns noch bei den Engeln, den seine Mutter mehr liebe als ihn. Seine Mutter werde sterben und ihm am Morgen kein Frühstück mehr machen und ihn am Abend nicht mehr in den Schlaf singen können, doch sie werde immer, immer bei ihm sein. Er werde sie nicht mehr sehen können, aber er werde sie fühlen, dafür werde der liebe Gott sorgen, denn es sei ihm nicht recht, dass er gerade seine Mami ausgesucht habe, einer seiner Engel zu werden. Der Kleine hörte aufmerksam zu und schaute mich dann fragend an. ‹Ja›, ermutigte ich ihn, ‹du kannst deine Mutter berühren, wenn du möchtest, und auch zu ihr sprechen.› Er hatte keine Angst, streichelte ihre Wange. Dann wollte er wieder in den Hof zu den Kindern, ich begleitete ihn. Bevor ich ihn alleine liess, erklärte ich ihm, das schönste Geschenk, das er seiner Mutter machen könne, sei, wenn er viel, viel lache, wenn er sich mit Freunden treffe und spiele – wenn er glücklich sei. ‹Sie wird traurig sein, wenn du traurig bist, und sie wird glücklich sein, wenn du glücklich bist.› Ich glaube, er hat mich verstanden.»

«Er konnte Abschied nehmen, das ist schön.»

«Ich hätte ihn auch reingeholt, wenn sie schon tot gewesen wäre, es ist ganz wichtig für die, die bleiben, dass sie denen, die gegangen sind, Adieu sagen können, sie ein letztes Mal sehen. Ihnen, wenn auch nur in Gedanken, noch mitteilen können, was sie zu Lebzeiten nicht zu sagen vermochten. Nicht gesprochene Worte verschlimmern die Trauer. Wir verschieben gerne alles auf später: Wenn ich erst pensioniert bin, dann werde ich mit meiner Frau Ferien machen. Wenn meine Tochter die Abschlussprüfung geschafft hat, dann werde ich ihr sagen, wie stolz ich auf sie bin. Wenn ich den Frühlingsputz hinter mir habe, werde ich meine Eltern besuchen. Was, wenn dazu keine Zeit mehr ist? Wenn wir den Tod ins Leben integrieren, dann gehen wir, bevor wir pensioniert sind, auf Reisen, sagen unseren Kindern, ohne dass sie eine Prüfung geschafft haben, wie stolz wir auf sie sind, und besuchen unsere Eltern heute und nicht übermorgen. Ja, ja, ich weiss, immer geht das nicht, aber versuchen könnte man es, oder?»

«Ja.»

«Gut, also, gehen wir.»

«Gut, gehen wir, ich habe Aimé nämlich versprochen, ihm bei seinen Deutschaufgaben zu helfen. Heute!»

Aimé wartet schon. Hat alles bereit. Heft. Bleistift. Einen winzig kleinen Dictionnaire.

«Viele Hausaufgaben?», frage ich auf Deutsch, und Aimé legt den Kopf etwas schief: «Ja?»

Ich frage ihn auf Französisch, und er antwortet: «Ja!»

Es geht um den zweiten Konjunktiv. Oje! Ich lasse mir von Aimé erst mal erklären, was der zweite Konjunktiv ist, merke aber, dass wir uns nicht ganz einig sind. Wir raufen uns zusammen, nach einer halben Stunde sind wir so weit, dass wir das Verb ‹kommen› im zweiten Konjunktiv im Präsens konjugieren können: Ich käme, du kämest, er käme, wir kämen, ihr kämet, sie kämen. Mit der Vergangenheit bekunden wir schon mehr Mühe, nicht die geringste macht uns dafür die Zukunft. Allerdings nur bezogen auf die Konjugation. Inzwischen lernen wir nämlich nicht mehr, sondern reden über Aimés Situation. In seiner sehr monotonen Stimmlage erklärt er mir, sein Fuss bereite ihm noch Schmerzen, das sei aber nichts im Gegensatz zu früher.

«Lotti hat mir sehr geholfen. Ohne Lotti wäre ich nicht mehr da. Lotti brachte mich zu Dr. Chenal, und der hat eine Therapie für mich konzipiert, die meinem Körper hilft, den Krebs in Schach zu halten. Nur ist das leider nicht immer ganz einfach. Die Chemotherapie, die ich injiziert bekomme, schadet meinen Helferzellen, die durch das HI-Virus eh schon geschwächt und deren Werte nur dank der Tri-Therapie noch so hoch sind. Ein Glück ist, dass ich noch nicht achtzehn bin, denn so bekomme ich die Medikamente gegen Aids noch gratis. In einem Jahr werde ich achtzehn, dann sieht das anders aus. Aber Lotti wird eine Lösung finden. Lotti findet immer Lösungen. Wollen wir weiterlernen?»

Bevor wir damit beginnen können, erscheinen Yusuf und Bouba, die ich mit einer festen Umarmung begrüsse. Weil Bouba mit seiner Mutter Assita im Slum lebt, kommt er nicht jeden Tag ins Sterbespital, und so sehe ich ihn erst heute.

«Ich habe von Yusuf gehört, dass du da bist!»

Er steckt im Hemd, das ich ihm letztes Mal mitgebracht habe, und obwohl es vor Schmutz starrt, trägt er es immer noch so stolz wie am ersten Tag. Bouba, der all seine Geschwister an Aids verloren hat und selbst positiv ist, ist nach wie vor so gesund, dass er keine Medikamente braucht. Ein kleines Wunder. Die beiden fragen, ob sie stören, sie würden sich nämlich auch gerne an den Tisch setzen und basteln. Aus arg zerfledderten, irgendwo ausgegrabenen alten Illustrierten falten sie daraufhin Pistolen. Aimé und ich schauen uns lächelnd an, und er beginnt die Fragen vorzulesen, die er auf Deutsch beantworten muss: «Was … ist … ein … gemüt … liches … Zimmer?»

Er liest langsam, was nicht so sehr mit seinem Deutsch zu tun hat als viel mehr mit der Druckqualität des Aufgabenblattes. Überhaupt sind die Hefte und Bücher, die er ausgepackt hat, von unglaublich schlechter Qualität.

«Also, Aimé, was ist ein gemütliches Zimmer?»

«Was heisst gemütlich?», will er zuerst wissen, und wir schlagen das Wort in Französisch nach. Als er die Frage vollkommen verstanden hat, kommt seine Antwort prompt: «Ein gemütliches Zimmer ist ein warmes Zimmer.»

«Sind die Zimmer bei euch nicht immer warm?»

«Nein, im Winter nicht, im Winter kann es kalt werden, und dann wünschte ich, ich hätte einen Ofen.»

«Und was ist ein gemütliches Zimmer noch?»

«Ein gemütliches Zimmer hat ein Bett mit einer Matratze.»

«So wie deins?»

«Ja, Lotti hat mir ein sehr gemütliches Zimmer eingerichtet, es fehlt nur ein Schreibtisch. Alles andere habe ich.»

«Also schreib auf, was du in deinem gemütlichen Zimmer alles hast.»

Und Aimé schreibt: «Ein gemütliches Zimmer hat eine Garderobe und ein Nachtlicht und einen Ventilator.»

Als er fertig ist, meint er: «Ein gemütliches Zimmer hat auch einen Fernseher, oder? Haben deine Kinder ein Zimmer mit Fernseher?»

«Nein, das haben sie nicht.»

Aimé schaut mich überrascht an: «Warum nicht?»

«Weil ich will, dass sie lesen, so wie du.»

«Du weisst, dass ich lese?»

«Lotti hat es mir gesagt, sie ist sehr stolz darauf, wie oft du sie um neue Bücher bittest. Was liest du am liebsten?»

«Krimis, Liebesromane, Illustrierte, alles, was mir in die Hände kommt. Ich liebe es, zu erfahren, wie die Menschen in der anderen Welt leben, wie gut es ihnen geht. Es überrascht mich sehr, dass nicht alle einen Fernseher im Zimmer stehen haben.»

Aimé lächelt, betont noch einmal: «Das überrascht mich sehr.»

Dem Geschrei nach zu urteilen, werden die Kleinen schon wieder geschrubbt und gepudert. Ich verziehe mich in Lottis Büro, um endlich meine handschriftlichen Notizen in den Laptop zu schreiben. Nach einer Stunde erscheint die Warnung, er brauche Strom. Gut, soll er kriegen. Denkste. Der Stecker ist drei-, die Steckdose zweipolig. Und einen Adapter habe ich nicht mitgebracht. Logisch nicht, schliesslich war es die beiden letzten Male kein Problem. Weder mein Tauchsieder noch mein Handy und auch nicht mein alter Laptop hatten einen dreipoligen Stecker. Nun, der neue, den ich jetzt dabeihabe, der hat einen. Dieses Problem bringt mir ein anderes in Erinnerung. Der Nachtmarkt! Das Geschäftsessen! Ich wollte doch noch die definitive Zahl meiner Gäste melden. Also setze ich mich mit Bleistift und Papier hin und schreibe die Namen derer auf, die morgen kommen wollen. Nämlich alle. Alle, ausser eben Monsieur Konaté und Arlette.

Monsieur David, der Apotheker des Ambulatoriums, kommt, Adelaide, Véronique, Monique, Ange und Félix, die beiden Pfleger, Hortense, die Köchin, Martine, die Putzfrau, und all die anderen. Sogar Josiane, die früher im Sterbespital arbeitete und jetzt darauf wartet, dass das Mütter- und Kinderheim gebaut ist, wo sie dann einer Arbeit nachgehen kann, bei welcher sie nicht tagtäglich mit dem Tod konfrontiert wird. Alle haben sich riesig über die Einladung gefreut, sich zweimal versichert, dass es morgen sei, dass es auf dem Nachtmarkt sei und dass ich sie um sieben erwarte. Selbst César kommt, der kleine Mann mit den frech abstehenden Ohren und dem stolzen Lächeln, der im Slum von Vridi-Canal für die Kranken da ist und Lotti einmal in der Woche zu ihnen führt. Ohne ihn als ortskundigen Begleiter ist es schlicht unmöglich, den Weg durch dieses Labyrinth von behelfsmässig zusammengezimmerten Hütten, herabhängenden Elektrokabeln, scharfkantigen und rostigen Wellblechen zu finden.

Als ich die Liste fertig habe, zähle ich die Namen, gehe zum Nachtmarkt. Im Stillen denke ich, so viele Tische und Stühle haben die dort gar nicht, dass alle sitzen können. Die Wirtin erschrickt bei der Frage, ob es Platz für dreissig Personen gebe, fasst sich allerdings sofort wieder. «Kein Problem, ich werde alles organisieren.»

Dann schlendere ich zum Stand, der die besten Poulets braisés grillt, und bestelle für morgen Abend dreissig Schenkel. Die Freude des Grilleurs über diesen Grossauftrag bringt mich auf eine Idee: «Wenn Sie mir dann zwei Schenkel einpacken könnten, würde ich jetzt sogar zweiunddreissig vorbestellen!»

Was ich denn damit wolle, fragt der Grilleur, der damit beschäftigt ist, Holz für das abendliche Feuer bereitzustellen.

«Nun, ich möchte zwei Portionen ins Sterbespital hinunterbringen, damit auch die beiden etwas haben, die leider arbeiten müssen.»

Der Mann kratzt sich am Kopf. «Verpacken kann ich nichts, aber wenn Sie mir fest versprechen, dass Sie die Teller wieder zurückbringen, dann gebe ich sie Ihnen so mit.»

Ich verspreche es ihm hoch und heilig, bin mir allerdings nicht sicher, ob er mir glaubt. Nun, er wird schon sehen.

Von weitem sehe ich das Meer, und wäre der Verkehr auf der Hauptstrasse nicht so dicht und hektisch, würde ich sie überqueren und an den Strand gehen, den ich bis jetzt nur vom Auto aus gesehen habe. Brauner Sand, braunes Wasser, braune Palmen. Nichts Schönes. Auch deshalb lasse ich es bleiben.

Am Strassenrand stehen Frauen, die auf ihren Köpfen voll beladene, riesige Plastikbecken tragen und darauf hoffen, eine Lücke in der Kolonne zu finden.

Lotti hat mir einmal erzählt, dass von den vielen Strassenopfern, die es hier gibt, der Grossteil Frauen sind, weil es mit diesem Gewicht auf dem Kopf fast unmöglich ist, nach links und nach rechts zu schauen.

Ich lasse mir Zeit beim Nachhausegehen, mache noch einen Abstecher auf den Strassenmarkt, der sich auf halbem Weg befindet und der aus eng zusammenstehenden Verkaufsständen besteht. Das Angebot ist ebenso mager wie die Hühner, die in einem Maschendrahtverschlag ihrer Schlachtung entgegenpicken. Auf vielen Tischen fehlt die Ware ganz. Auf einigen liegen ein paar grüne Tomaten oder stehen zu Pyramiden aufgetürmte Maggi-Würfel. Bananen und Kohlestücke, so scheint es, hat es mehr als genug. Und Medikamente auch. Bloss erwecken diese in ihren alten, meist aufgerissenen Packungen nicht gerade mein Vertrauen. Es gibt auch ein paar richtig schöne Marktstände, solche, wo Stoffe verkauft werden, solche, wo silbern funkelndes Kochgeschirr feilgeboten wird, und solche, bei denen auf einem Quadratmeter alles für die Schönheit ausgestellt ist: Nagellack, Wimperntusche, Haarbänder, Armketten, Ohrringe.

In der festen Absicht, Alimata ein Lächeln abzugewinnen, kaufe ich ihr eine Kette aus kleinen Glasperlen. Bekomme dafür das bekannte Zucken um die Mundwinkel, aber kein Leuchten in den Augen.

«Alimata, kann ich etwas für dich tun?»

Sie schüttelt den Kopf. Erst. Dann schaut sie mich an, meint: «Ja, ich möchte gerne eine Rückenmassage.»

Ein grösseres Geschenk hätte sie mir nicht machen können. Ich lege eine Matte in den Hof, hole die giftgrüne Massagesalbe, küsse und herze auf dem Weg hin und zurück der Reihe nach Emanuel, Christ und Willy. Und auch Mohamed, der heute ausnahmsweise nicht von seinem Onkel abgeholt werden wird, da dieser sich einen freien Abend genommen hat. Mohamed hat es gut, Mohamed hat zwar keine Eltern mehr, aber einen Onkel, der ihn über alles liebt und sogar Arbeit hat.

Bei Alimata angekommen, ziehe ich ihr das Leibchen über den Kopf. Ihr Rücken lässt ohne weiteres eine Studie der Anatomie der Rückenwirbel und der daran befestigten Rippen zu. Ich lege meine Hände auf ihre spitzen Schulterblätter, beginne ganz langsam zu kneten, vorsichtig, damit sie mir nicht zerbricht. Führe meine Daumen links und rechts der Halswirbel bis unter ihren Haaransatz, höre ein Seufzen. Als ich fertig bin, dreht Alimata den Kopf auf meine Seite: «Danke.»

Kein Lächeln, aber wenigstens erkenne ich inzwischen, dass ihre Augen nicht abgrundtief leer sind, sondern irgendwie übervoll. Sie erinnern mich an das, was mich in den Physikstunden wirklich fasziniert hatte: schwarze Löcher. In sich zusammengesunkene, riesige Sterne, die alles, was ihnen zu nahe kommt, verschlucken, so dass in ihrem Inneren eine unvorstellbare Dichte herrscht. Bis vor kurzem hat man angenommen, dass nicht einmal Lichtstrahlen diesem Schwerkraftfeld entkommen. Der Astrophysiker Stephen Hawking hat diese Theorie, die er selbst über Jahrzehnte hinweg verfocht, inzwischen revidiert und erklärt, die schwarzen Löcher gäben doch Licht frei.

Nun, für das Weltall mag das zutreffen. Bei Alimata ist es anders. Aus dem, was sie, hinter den Fenstern ihrer Seele, verdichtet hat, dringt weniger als nichts und schon gar kein Licht. Ich streichle ihr übers Haar, gehe zu Lotti, die in ihrem Büro über der Buchhaltung brütet, eine ihrer, wie ich weiss, absoluten Lieblingsbeschäftigungen. Sie strahlt dann auch, als ich komme, legt den Stift zur Seite und meint: «Pause!»

«Erzählst du mir von Alimata?»

«Ich weiss nicht mehr als du. Und Fatoumata, ihre Bettnachbarin, die sich so rührend um sie kümmert, ist auch noch keinen Schritt weitergekommen. Wir müssen ihr Zeit lassen. Sie bekommt höchst selten Besuch, und wenn, dann nur kurz. Sie war in einem erbärmlichen Zustand, als ich sie in ihrer Hütte gefunden habe. Wir legten sie bei uns ins Bett, brachten ihr Essen und Medikamente, beides verweigerte sie. Und dies drei Tage lang. Sie trank Wasser, wenigstens das. Als Véronique mich bat, mit ihr zu reden, war ich ziemlich vehement.»

«Vehement? Du?»

«Ach komm, du weisst genau, wie vehement ich sein kann.»

«Ja, aber nur wenn es darum geht, deine Kranken zu verteidigen und ihnen ihr Recht zu verschaffen, aber vehement mit ihnen?»

«Wenn es sein muss, ja. Auf alle Fälle hat es bei Alimata – in ihren Dimensionen gemessen – ein kleines Wunder bewirkt. Sie begann zu essen und nahm auch brav ihre Medikamente.»

«Und, wie sah deine Vehemenz aus?»

«Nun, ich sagte: ‹Alimata, wenn du leben möchtest, dann iss, dann schluck die Medikamente, dann reiss dich zusammen. Willst du nicht mehr leben, dann sag es mir, ich werde es akzeptieren und dich in Ruhe lassen, aber glaube mir, bevor du in meinem Bett verhungerst, stelle ich dich raus und mache deine Matratze frei für jemanden, der bereit ist zu kämpfen.› Sie schaute mich direkt an, trotzdem konnte ich nichts in ihren Augen lesen. Etwas, das mir so noch nie passiert ist. Also blieb ich einfach sitzen. Wartete minutenlang darauf, dass sie wenigstens sprach. Was sie dann auch tat: ‹Ich habe verstanden›, murmelte sie. Seither isst sie immerhin und nimmt ihre Medikamente.»

Draussen ist es inzwischen dunkel geworden, Lotti sagt, sie würde gerne ihre Buchhaltung zu Ende führen. Ob ich etwas dagegen hätte, heute nicht essen zu gehen. Die Frau lebt tatsächlich von Luft und Liebe!

«Keinen Hunger?»

«Und wie! Holst du mir in der Küche zwei Bananen?»

«Ich kann dir auch Spaghetti mit Nierchen vom Kiosk bringen, mit einem Spritzer Essig darauf, die werde ich mir heute nämlich gönnen.»

Aber Lotti meint, Bananen seien perfekt, also lasse ich sie in Ruhe.

Die Nacht ist heute schwerer als gestern. Nicht der Hauch eines Lüftchens regt sich. Ich bleibe bei Monsieur Konaté stehen, der die Petroleumlampen, die er auf die Nachttische stellen wird, auffüllt. Mit einem Kopfnicken macht er mich auf Arlette und ihre Kinder aufmerksam. Unter einem weit aufgespannten Moskitonetz liegen die sechs. Auf der linken Matratze Emanuel, Christ und Willy. Auf der rechten Osé und Hermas, die heute Platz lassen für Mohamed.

Antoine steht, statt zu schlafen, in seinem Gitterbettchen und wartet mit weit aufgerissenen Augen darauf, dass sich irgendjemand seiner erbarmt und mit ihm zusammen die Nacht zum Tag macht. Und weil er so süss ist, gehe ich zu ihm hin, strecke ihm meine Arme entgegen, was er mir glucksend verdankt. Und während ich ihn herumtrage, ihm Gute-Nacht-Lieder summe und ihn in den Schlaf zu wiegen versuche, beobachte ich Arlette, die vor «ihren» sechs Kindern kniet. In einem hellen Kleid, das die samtene Schwärze ihrer Haut betont. Sie wird mir später, als ich ihr ein Kompliment für den Stoff mache, erklären, es sei ihr schönstes und sie trage es ausschliesslich beim Gebet und am Sonntag, wenn sie in die Kirche gehe.

Ihr Beten ist leise, aber so klar, dass ich einiges verstehen kann. Sie bittet Gott nicht. Sie dankt ihm. Dafür, dass sie all diese Kinder zu sich nehmen durfte. Dafür, dass sie hier arbeiten darf. Dafür, dass er ihr Lotti über den Weg geschickt hat. Dafür, dass er Noël zu sich genommen hat. Als sie fertig ist, murmelt sie vor sich hin, so, als würde sie den Rosenkranz beten, singt dann dasselbe Lied wie gestern für Noël, dankt abermals. Strahlt einen Seelenfrieden aus, der die Kinder wohl jede Nacht in null Komma nichts einschlafen lässt.

Antoine wird in meinen Armen schwerer und schwerer, sein Atem geht regelmässig, ich spüre, dass auch er schläft, bringe ihn aber noch nicht ins Bett, weil ich sonst auf dieses wunderbar friedliche Bild verzichten müsste. Erst als Arlette fertig ist, gehe ich leise an ihr vorbei, lege Antoine ganz langsam und sanft in sein Bett, ziehe vorsichtig erst meine Arme, dann meine Hände und schliesslich meine Finger unter seinem Körperchen hervor. Doch kaum berühren auch meine Fingerspitzen ihn nicht mehr, brüllt er seinen Protest, alleine gelassen zu werden, lautstark in die Nacht hinaus. Der Frieden ist dahin!

Arlette kommt zu mir, bietet mir an, den Kleinen zu übernehmen. Aber ich will, was ich verbockt habe, selber wieder ausbaden. Schliesslich wäre der Kleine, wenn ich ihn im Bett gelassen hätte, vielleicht, wer weiss, ganz von selbst eingeschlafen. Also nehme ich den Plärrenden in meine Arme, summe Wiegenlieder und schaukle ihn durch die Nacht. Neunzig Minuten später, beim vierten Versuch, ihn ans Bett abzugeben, bin ich endlich erfolgreich, was gut ist, denn gleich danach hätte ihn mein knurrender Magen aufgeweckt. Als ich, gesättigt von Nierchen und Spaghetti mit einem Schuss Essig, ins Ambulatorium komme, treffe ich auf Ouattara, der in Shorts und einem Frottiertuch über seinem nackten Oberkörper sofort auf mich zusteuert und klagt: «Schon wieder kein Wasser!»

Dann erzählt er, er spare Geld, er wolle auswandern. Ich weiss, dass Ouattara nie im Leben genug sparen kann – wie denn auch –, um den afrikanischen Kontinent zu verlassen.

Auf meine Frage, wohin es ihn denn ziehe, überlegt er keine Sekunde: «London!», und quittiert mein überraschtes Stirnrunzeln mit der Gegenfrage: «Gibt es dort auch kein Wasser?»

«Doch, doch, dort gibt es schon Wasser, aber – kannst du Englisch?»

«Englisch? Warum Englisch?»

«Weil man in London Englisch spricht.»

«Bist du sicher?»

«Ganz sicher.»

«London ist also keine gute Idee?»

«Nein.»

«Dann spare ich halt für – Paris. Dort spricht man Französisch, oder?»

«Ja, aber es ist kalt im Winter, vergiss das nicht.»

«Hier ist es auch kalt im Winter, das sag ich dir. Sehr kalt.»

«Wie kalt?»

«Zwanzig Grad!» Ouattara tut, als fröstle ihn.

«Zwanzig Grad? Das ist warm, Ouattara!»

Nun runzelt er die Stirn und drückt damit aus, was er nicht direkt aussprechen will: Zwanzig Grad sind warm? Die spinnt! Stattdessen meint er: «Wie kalt ist es denn in Paris?»

«Unter null.»

«Unter null? Oh!»

«Bei Temperaturen unter null, Ouattara, gefriert das Wasser.»

«Und wird zu Eis? Dann kann man dort ja auch nicht mehr duschen! Vielleicht bleibe ich doch besser hier, was meinst du?»

«Ja, bleib hier, hier hast du Arbeit und kannst deiner Familie zu essen kaufen. Sei froh drum, Ouattara. Geniess, was du hast.»

Etwas leiser füge ich an: «Das sollte ich auch öfter tun; geniessen, was ich habe. Gute Nacht!»

Ouattara schaut mir nach, und als ich schon die halbe Treppe hochgestiegen bin, fragt er: «Was heisst Gute Nacht auf Englisch?»

«Good night.»

«Bonne nuit gefällt mir eh besser.»

Sagts und macht rechtsumkehrt. So schwungvoll, dass ihm das Frottiertuch von der Schulter rutscht.

Mittwoch, 10. März

Kurz nach sechs Uhr bin ich im Sterbespital, um das zu tun, was Lotti jeden Morgen tut. Die Kleinen wecken, damit sie Punkt halb sieben ihre erste Ration der Tri-Therapie erhalten. Wir hatten Wasser heute Morgen, was Ouattara ausgiebig genossen haben muss, denn als ich ihm «Good morning» wünschte, lachte er, fragte, ob ich ihm Englisch beibringen wolle, und roch dabei so wunderbar nach Seife, dass ich den Duft noch jetzt in der Nase habe.

Ich knie mich auf die Matratze, sehe den sechs beim Schlafen zu. Vier liegen in Embryostellung auf der Seite, Emanuel auf dem Bauch, Christ auf dem Rücken. Arlette weckt Willy, Lotti Christ, ich kümmere mich um Emanuel. Ganz vorsichtig streichle ich ihm über den Kopf, flüstere ihm seinen Namen ins Ohr. Nichts. Ich streichle fester, flüstere: «Guten Morgen, mein Schatz.»

Emanuel dreht den Kopf zur anderen Seite, ansonsten passiert nichts. Also verstärke ich den Druck ein bisschen, flüstere, er müsse aufstehen. Ah, da haben wir es: Emanuel gähnt.

«Hey, Kleiner.»

Er ballt die Händchen zu Fäusten, zieht sie unter seine Brust, schläft weiter. Da Christ und Willy bereits aufgestanden sind, kann ich mich neben Emanuel legen. Ich streichle ihm über Nacken und Rücken bis zu seinen Füsschen hinunter und denke dabei an seine Mutter Noëlle und wie sehr sie darum gekämpft hatte, ihn nicht alleine lassen zu müssen.

Lotti erzählte mir, Emanuels Vater rufe alle paar Wochen aus dem Gefängnis an und sage ihr, allein die Tatsache, dass sein Sohn bei ihr auf ihn warte, erhalte ihn am Leben. Auch er ist positiv.

«Hey, mach vorwärts!»

Lotti steht vor mir. «Die Zeit rennt uns davon. Emanuel muss Punkt halb sieben zu seiner ersten Ration Medikamente kommen.»

Also intensiviere ich meine Weckbemühungen, indem ich den Siebenschläfer rüttle, worauf er sich auf alle viere stellt, sich wieder plumpsen lässt und weiterschläft. Ich nehme ihn auf, und selbst im Schlaf tut Emanuel das, was ihn so charakterisiert, er klammert sich fest, sucht eins zu werden mit dem Körper, der ihm nahe ist, und – wer hätte das gedacht – erwacht dabei. Strahlt mich an. Ich setze ihn auf den Tisch und halte ihm den Becher, in welchem eine Tablette Videx in Wasser aufgelöst worden ist, an den Mund. Emanuel trinkt, legt seine Hände um den Plastik, ich lasse los, er auch, der Becher fällt zu Boden, und der Inhalt ergiesst sich auf meine Jeans. Nach dem ersten Erschrecken lachen wir uns an. Also das Ganze von vorne.

Der Therapieplan sieht so aus:

6.30 Uhr: Kind wecken und ihm auf nüchternen Magen eine
Tablette Videx geben.

7.00 Uhr: Zehn Milliliter Zerit-Emulsion und eine Tablette
Viracept während des Frühstücks.

14.00 Uhr: Eine Tablette Viracept, dazu unbedingt etwas essen.

19.00 Uhr: Zehn Milliliter Zerit während des Abendessens.

Der Plan für die Mütter, denen Lotti mit ihrer Idee der Mütter-Patenschaften das Leben ermöglicht, sieht, abgesehen von den Dosen, gleich aus. Die Idee, dass Patinnen und Paten aus Europa sich verpflichten, einen kleinen, dafür regelmässigen Betrag einzuzahlen, damit die Kinder nicht zu Waisen werden, rettet zurzeit vierzig Müttern das Leben. Leider waren Emanuels und Christs Mütter zu krank, als dass sie noch in dieses Programm hätten aufgenommen werden können. Lotti versuchte dann, zumindest Christs Vater zu retten, der eines Tages vor der Tür stand. Er kam zu spät. Christ ist seit vier Monaten Vollwaise.

So einfach die Idee der Mütter-Patenschaften ist, so schwierig ist ihre Umsetzung. Viele Betroffene wollen sich nicht testen lassen. Auch hier gilt das Motto: Was ich nicht weiss, macht mich nicht heiss.

Dies ist einer der Gründe, warum die Blutspenden so drastisch zurückgegangen sind. Lotti, die für ihre anämischen Patienten immer wieder Blutkonserven braucht, kommt inzwischen oft mit leeren Händen von der Blutbank nach Hause. Wer Blut spendet, wird automatisch getestet und läuft damit Gefahr, sein Todesurteil in Form von sieben Buchstaben auf einem seelenlosen Zettel präsentiert zu bekommen: Positiv.

Tatsache ist, dass Frauen mutiger sind als Männer. Die Mütter, die sich zu einem Test entscheiden und positiv sind, müssen vor Therapiebeginn oft Krankheiten auskurieren. Ist das gelungen, sollte die Anzahl ihrer Helferzellen möglichst zwischen hundertfünfzig und dreihundertfünfzig liegen. Helferzellen sind eine Untergruppe der weissen Blutkörperchen und für das Immunsystem äusserst wichtig. Das Aidsvirus tötet diese Zellen ab, was mit der Zeit zu einer Schwächung der körpereigenen Abwehrkräfte führt. Ist die Anzahl der Helferzellen zu tief, kann die Therapie für den Patienten tödlich sein, ist sie zu hoch, macht die allzu frühe Medikamentenabgabe keinen Sinn, da sie viele unangenehme Nebenwirkungen hat. Die Patientinnen dürfen, weil eines der Medikamente eine eventuelle Blutarmut verschlimmert, keinen zu tiefen Hämoglobinwert haben, was die Mütter hier aber – wegen der schlechten Ernährung – eigentlich konstant haben. Kommt dazu, dass die Medikamente pünktlich auf die Minute genau genommen werden müssen, da sich sonst Resistenzen entwickeln. Das heisst, die Mütter benötigen nicht nur dringend eine Uhr, sie müssen auch lernen, die Zeit zu lesen. Erschwerend kommt hinzu, dass die meisten Menschen hier nur alle zwei, drei Tage etwas essen können. Woher sollen die Mütter also plötzlich Nahrung nehmen, um vor der Medikamenteneinnahme etwas im Magen zu haben? Und das dreimal pro Tag?! Lotti kämpft an allen Fronten. Fitnesstraining braucht sie nicht.

Als die Kleinen versorgt sind, machen wir uns zum Kiosk auf. Ich bestelle Schwarztee und Baguette, verscheuche die Fliegen, die wie immer überall sitzen. Gestern sogar zwei auf Antoines Augen!

Später im Ambulatorium sehen wir Adelaide total erschöpft unter dem Sonnenschirmbaum sitzen. Sie warte auf den Doktor, sagt sie. Sie habe einen Malariaanfall und werde heute wohl nicht zum Nachtmarkt kommen können. Lotti setzt sich zu ihr, fühlt ihre Stirne, auf der durchsichtige Schweissperlen glitzern. Grössere und kleinere. Immer neue. Man sieht geradezu, wie sie sich bilden. Lotti erklärt mir, dass der Arzt Adelaide Mittel gegen Malaria und gleichzeitig auch Antibiotika geben werde.

«Da uns die Malaria keine Zeit lässt, auf Testergebnisse zu warten, die eine Infektion ausschliessen, behandeln wir beides gleichzeitig.»

Kriegsmedizin!

Monate später tobt der Krieg auch in Lotti. In Form einer Malaria, die nicht aufhören will. Als Lotti sie endlich besiegt glaubte, besuchte sie ihre Familie, die in Hammamet Ferien machte. Erlitt dort einen erneuten, noch weit heftigeren Schub und wünschte sich nach Afrika zurück. Nicht nur, weil sie dort zu Hause und nicht in einem Hotel gewesen wäre, sondern weil die Ärzte im Ferienort keine Erfahrung mit Malaria hatten. Lotti, das mailte mir Aziz, hätte ebenso gut sterben können.

Rückblickend war ich froh, dass ich mich dazu entschlossen hatte, mich der Prophylaxe gegen diese Tropenkrankheit auch vor meinem dritten Besuch zu unterziehen. Es waren die Nebenwirkungen – leichte Übelkeit und Schwindel –, die mich zögern liessen. Ausschlaggebend war dann aber ein Merkblatt, das mir der Tropenarzt Dr. Kurt Markwalder mit den Worten in die Hand drückte: «Sie wollen keine Prophylaxe? Dann lesen Sie mal, was ich zu dieser Krankheit geschrieben habe»:

Malaria ist eine Infektionskrankheit, deren Erreger – so genannte Plasmodien – durch den Stich von Anopheles-Mücken übertragen werden. Diese Plasmodien gelangen vorerst über die Blutbahn in die Leber, wo sie einen Reifungsprozess durchmachen und sich vermehren. Nach einer Verweilzeit von mindestens 5–6 Tagen – z. T. aber bis zu mehreren

Wochen oder Monaten – gelangen die Parasiten von der Leber erneut ins Blut, wo sie in rote Blutkörperchen eindringen und sich in diesen weiter vermehren. Nach 2–3 Tagen zerplatzen die befallenen roten Blutkörperchen. Erst in diesem Moment verspürt der Infizierte erstmals etwas von seiner Krankheit. Die ganze vorangehende Entwicklung verursacht keinerlei Beschwerden, und die Infektion ist vorher mit den üblichen Labormethoden auch nicht nachweisbar.
Es gibt mehrere Malariaarten, welche den Menschen befallen können. Die gefährlichste, welche unbehandelt rasch tödlich verlaufen kann, ist die Malaria tropica, verursacht durch den Erreger Plasmodium falciparum. Sie kommt vor allem im tropischen Afrika vor.
Die Malaria tropica kann sich in wenigen Stunden lebensgefährlich entwickeln und stellt auch bei prompter Behandlung immer eine sehr unangenehme Erkrankung dar.
Klassischerweise manifestiert sie sich mit plötzlich hohem Fieber, begleitet von Schüttelfrost. Meist sind starke Kopfschmerzen vorhanden, gelegentlich auch Durchfall. Die gleichen Krankheitssymptome können allerdings auch durch etliche andere Infektionserreger hervorgerufen werden. Beweisen kann man eine Malaria nur durch den Nachweis der Parasiten im Blut.

Bei Adelaide war es wahrscheinlich eine bakterielle Infektion und keine Malaria. Dank der Antibiotika tauchte sie am Abend auf dem Nachtmarkt auf. Allerdings längst nicht in alter Form.

Nachdem Lotti ihre Hand wieder von Adelaides Stirn genommen und festgestellt hat: «Du glühst!», macht Adelaide uns darauf aufmerksam, dass man Lotti ein Geschenk gebracht habe.

«Ein Geschenk?»

Lotti sagt: «Komm, wir gehen ins Krankenzimmer.»

Ich gehe mit. Obwohl ich eigentlich nicht will. Inzwischen bin ich darauf gekommen, was Adelaide mit Geschenk gemeint haben könnte. Und wenn ich ehrlich bin – will ich es gar nicht sehen. Nach wie vor ist mir unerklärlich, wie Lotti auf Menschen zugehen kann – und dies meist ganz allein –, die eine einzige Wunde sind, deren Kleider von Erbrochenem und mehr verdreckt sind, die – auch das erlebt sie immer wieder – von Würmern in den Wunden buchstäblich gefressen werden.

Ich begleite Lotti, weil ich ihr zur Seite stehen will, damit sie der Tragödie Schwarzafrikas für einmal nicht alleine in die Augen sehen muss. Ich kippe auch nicht um, als ich das, was unter dem Tuch hervorkommt, sehe. Und rieche. Vielleicht roch ich es auch zuerst. Auf alle Fälle bin ich einmal mehr froh um meine frühere Tätigkeit im medizinischen Bereich.

Der neue Patient heisst «Dieu-Donné», der von Gott Gegebene. Ich frage mich unwillkürlich, ob er ihn zurückhaben will. Der Hals und die untere Partie des Kopfes sind dick geschwollen, an zwei, drei Stellen – ich will gar nicht genau hinsehen – bricht der Eiter durch. Die Schmerzen müssen unerträglich sein. Lottis Diagnose hingegen ist – irgendwie – erträglich: Karies.

«Bist du sicher, Karies?»

«Wenn du wüsstest, wie oft ich das schon gesehen habe, wenn du wüsstest, wie wütend es mich macht, dass hier Kinder an einem unbehandelten Loch im Zahn sterben!»

Lottis Wut bricht sich Bahn. «Warum», fragt sie die Mutter, «warum haben Sie ihn uns nicht früher gebracht – warum?» Lotti wendet sich ab. In ihren Augen hat sie Tränen.

Einmal mehr verblüfft mich, wie die Emotionen sie nach wie vor einholen, wie jeder neue Kranke, jeder neue Tod, jedes neue Schicksal sie berührt.

«Kein Geld», sagt jetzt die Mutter, «ich habe doch kein Geld!»

Lotti beruhigt sich wieder und sagt beschwichtigend: «Schon gut, aber vergessen Sie nie mehr, dass Sie hier bei uns kein Geld brauchen.»

«Sie machen meinen Sohn gesund, ohne dass ich zahlen muss?»

Das Staunen der Mutter wäre wohl nicht grösser, wenn es hier in fünf Sekunden zu schneien begänne.

Wir helfen Dieu-Donné ins Auto. Auf der Fahrt zum Sterbespital öffne ich die Fenster. Nicht weil ich will, sondern weil ich muss! Während Lotti dem gut Neunjährigen aus dem Auto hilft, suche ich Ange und bitte ihn, eine Matratze zu holen. Es hat keine mehr, also bringt er eine Matte. Zehn Minuten später ist Dieu-Donné an einer Antibiotika-Infusion angeschlossen und bekommt Schmerzmittel. Die Mutter weicht keinen Fingerbreit von seiner Seite. Lotti erklärt mir auf meine Frage, ob man den Zahn nicht ziehen müsse, dass dies im Moment nicht möglich sei.

«Zuerst muss die Infektion abheilen, und dann müssen wir ihn testen. Ist er positiv, hat er keine Chance.»

Ich wende mich ab, wünsche Alphonse, der mit seinem Radio über die Kurzwellen des Äthers surft, einen guten Morgen, gehe dann zu Émilie und stolpere dabei um ein Haar über eine Frau, die auf einer Matratze ihr Baby wickelt. Gestern waren weder die Matratze noch das Baby, noch die Frau da. Als ich mich über das Bündel beuge, sagt die Mutter: «Sie heisst Maeve.»

Der Name ist so schön wie das Baby selbst. Ich schlage ihn zu Hause im Vornamen-Lexikon nach, finde heraus, dass es eine irische Königin mit diesem Namen gab.

Maeve ist – wie mir Geneviève, ihre Mutter, erzählt – das Jüngste ihrer drei Kinder. Und positiv. Sie habe darauf verzichtet, die Kleine zu stillen und sei deshalb umso enttäuschter, dass Maeve ganz offensichtlich nicht die Kraft zum Leben aufbringe.

«Seit sie Fieber hat, trinkt sie nicht mehr, und sie weint viel. Vor allem in der Nacht.»

Ich lasse die beiden alleine, nähere mich – sehr, sehr vorsichtig – Émilie und bin ehrlich gesagt erleichtert, dass sie schläft. Als ich mich wieder abwende, schlägt sie allerdings die Augen auf und meint: «Was willst du?»

Sie sagt das nicht böse, eher erstaunt.

«Dir einen guten Tag wünschen. Dich fragen, wie es dir geht.»

«Mir geht es gut, ich werde bald heiraten.»

Ich habe von Lotti erfahren, dass Émilie verheiratet war, und zwar mit einem Weissen. Lotti erzählte mir, sie habe ein gutes Leben gehabt damals – ihr Mann habe sich, seitdem die Diagnose klar ist, allerdings nicht mehr blicken lassen. Trotz der fortgeschrittenen Krankheit sehe ich, wie schön Émilie gewesen sein muss. Gross und stolz.

«Du heiratest? Dann kann ich ja gratulieren.»

Einen Moment lang bin ich mir nicht sicher, ob Émilie als Nächstes spucken oder reden wird, weiche zurück. Ich muss mich aber gleich wieder vorneigen, weil das, was Émilie jetzt sagt, so leise daherkommt, dass es fast unverständlich ist. Und weil ich denke, dass ich mich verhört habe, frage ich nach: «Was sagst du, wen heiratest du?»

Diesmal kommt es lauter: «Den Papst!»

Der Ernst in ihrer Stimme lässt mich mein Lachen unterdrücken. Ich setze mich zu ihr, was sie ganz offensichtlich sehr nett findet, denn sie lächelt mich an. Das Einzige, was in diesem Moment daran erinnert, wie unberechenbar sie ist, sind ihre nach wie vor festgebundenen Hände.

«Den Papst? Oh, pardon», sage ich nun und rufe damit etwas hervor, das mich die nächsten Tage, wenn ich sie sehe, immer wieder von neuem fasziniert. Zwischen ihren Augenbrauen, dicht über der Nasenwurzel, kräuselt sich ihre Haut, so wie Wasser sich kräuselt, wenn der Wind seine Oberfläche kitzelt.

Sie entlarvt mich: «Du glaubst mir nicht?»

«Doch», lüge ich, um ihre plötzliche Traurigkeit wegzureden, «doch, ich glaube dir.»

Es ist keine Spinnerei, die Émilie den Papst heiraten lassen will, es ist ihre Toxoplasmose. Aids fordert den Körper mit unzähligen von verschiedenen Krankheiten. Darunter Lungen- und Darminfekte, Pilzbefall von Mundhöhle und Speiseröhre, Gürtelrosen, Infektionen des Gehirns. Sowie das Kaposi-Sarkom, dieser augenfällige Hautkrebs, der sich durch rötlich blaue Tumore charakterisiert.

Aids ist die Abkürzung der englischen Bezeichnung für «Acquired Immuno Defiency Syndrom», was zu gut Deutsch «Syndrom erworbener Immunschwäche» heisst und den völligen Zusammenbruch des menschlichen Immunsystems meint. Hervorgerufen wird Aids durch das HI-Virus, das Virus, das die körpereigenen Abwehrzellen zerstört.

«Aids», erklärt Lotti an ihren Präventionsvorträgen vor jungen Menschen immer wieder, «Aids bekommt man nicht, man holt es sich.»

Und verteilt Kondome. Prävention, lobt sie, als sie mir dies alles erzählt, mache die Regierung bei der arbeitenden Bevölkerung inzwischen gute.

«Man geht in die Fabriken, klärt auf, gibt Präservative ab. Nur erreicht man damit leider die nicht, die in den Slums wohnen und keiner geregelten Arbeit nachgehen können.»

Nun, Lotti erreicht sie. Das wird klar, als am Nachmittag «Labor gemacht» wird. Der Laborant, der dreimal die Woche vorbeikommt, heisst Julien, und sein erster Patient ist ein zwanzigjähriger Bursche, der Lottis Aufforderung, sich testen zu lassen, nachkommt. Nicht weil er krank ist, sondern weil er während eines Vortrages von Lotti bei seinem Fussballverein erkannte, dass sie Recht hat damit, dass der, der den Test macht, mehr Mut und Grips beweist als der, der ihn nicht macht. Den Zeigefinger erhebt sie bei solchen Anlässen nie.

«Ich weiss, dass die meisten von euch kein Buch lesen können, ich weiss, dass euch das Geld, um ins Kino oder zum Tanzen zu gehen, fehlt. Ich weiss, dass ihr neben eurem Fussball nur die Liebe habt, die euch die Langeweile vertreibt, das ist auch gut so, aber ihr müsst dabei Acht geben. Auf euch genauso wie auf eure Partnerinnen.»

Und jetzt sitzt dieser junge Mann also da, hält seinen Finger hin, lässt sich pieksen, damit Julien zwei Blutstropfen auf einen Teststreifen fallen lassen kann. Nun trennen ihn noch ein paar Minuten von dem, was er dank viel Mut und Grips wissen will.

Normalerweise würde Julien ihn jetzt draussen warten lassen, um den nächsten Patienten zu testen. Aber weil er merkt, dass es wohl das Gescheiteste ist, mir meine Fragen jetzt gleich zu beantworten, damit er nachher in aller Ruhe weiterarbeiten kann, lässt er den jungen Mann im Labor sitzen.

«Ja», sagt er, «ich arbeite gerne bei Lotti. Ich schätze es, dass die Menschen die Wahrheit gesagt bekommen. Hier bin ich nützlich, ich kann etwas bewirken. Bei positiven Resultaten geben wir den Infizierten Sulfonamide ab, die sie vor Infektionen schützen, positive Mütter werden dazu angehalten, ihre Babys nicht zu stillen, was denen die Chance gibt, negativ zu werden, und wenn dieser Herr hier», er weist auf den jungen Mann, «wenn er negativ ist, dann bläue ich ihm ein, dass er ab sofort drei Möglichkeiten hat, um weiterhin so gesund zu bleiben.»

Dann schaut er seinen Patienten herausfordernd an, der seinen Blick standhaft erwidert und fragt: «Drei Möglichkeiten?»

«Ich werde dir eine Packung Kondome mitgeben, damit du nie vergisst, dich zu schützen. Nie! Verstehst du?»

Nicken.

«Eine andere Möglichkeit, gesund zu bleiben, ist die Enthaltsamkeit!»

Der junge Mann lächelt, fragt dann: «Und die dritte?»

«Gegenseitige Treue.»

Nicken. Zweimal. Julien steht auf, geht zum Teststreifen, den er vorhin zur Seite gelegt hat. Zwei Striche, erklärt er, seien das, was er jetzt nicht unbedingt sehen wolle, dann freut er sich: «Nur einer!»

Er wendet sich dem Mann zu, sagt ihm, was der, seinem Strahlen nach zu urteilen, längst begriffen hat: «Negativ!»

Bevor Julien ihn verabschiedet, redet er abermals ein ernstes Wort mit ihm und lässt dann eine Mutter eintreten, die ich sofort als die Frau erkenne, die mir Adelaide auf unserem Weg zurück von den Zwillingen vorgestellt hat. Es ist Angela, die grössere der beiden Mütter. Kaum ist sie im Labor, stürmt auch schon Lotti herein, begrüsst Julien, fragt die Mutter, wie es gehe, und palavert über Gott und die Welt. Fast bekomme ich das Gefühl, sie sei nervöser als die Mutter. Was nicht stimmt, wir sind alle nervös. Die Luft vibriert geradezu.

Der Kleine wird gestochen, schreit jämmerlich, wehrt sich mit Händen und Füssen, hat aber nicht den Hauch einer Chance gegen Juliens Routine. Auch Angela wartet im Zimmer auf das Resultat, diesmal, weil Julien von Lotti in eine Konversation verwickelt wird. Ich höre den beiden nicht zu, vergesse alles um mich herum, das schreiende Kind genauso wie den Umstand, dass ich schon längst etwas trinken wollte. All meine Sinne sind auf den Teststreifen gerichtet, ein Strich bedeutet Leben, zwei Striche will ich mir überhaupt nicht vorstellen. Letztes Jahr waren nur gerade fünf von gegen hundert getesteten Achtzehnmonatigen negativ. Fünf in zwölf Monaten! Die Chance, dass dieser hier das Resultat zeigt, das wir alle sehen wollen, stehen also bei null. Ich zwinge mich, nicht auf den Teststreifen zu starren, blicke nur ab und zu und möglichst beiläufig hin. Ist da was? Zwei Striche? Einer? Julien setzt seine Brille auf, stellt sich neben mich, erkennt anscheinend sofort, was sich auf dem Teststreifen erst schwach, dafür umso klarer in seinem Gesicht abzeichnet. Unsere Reaktion darauf und wohl vor allem die Freude der Mutter lässt Issa, so heisst ihr Sohn, von einer Sekunde zur anderen verstummen.

Die Euphorie hält leider nicht lange an. Der nächste Test ist positiv. Durchgeführt bei einer vierundzwanzigjährigen Frau, die mit dem vierten Kind schwanger ist. Der Vater des Kindes hat sie bereits verlassen. Von den zwei verschiedenen Vätern der anderen drei Kinder weiss sie nicht, wo sie sind. Die hier absolut selbstverständliche Promiskuität ist für die Ausbreitung des HI-Virus katastrophal.

Als Nächstes kommt wieder eine schwangere Frau, sie will allerdings nicht sich testen lassen, sondern das Baby ihres Bruders, dessen Mutter sich aus dem Staub gemacht hat. Man kann sich hier über vieles entrüsten. Darüber, dass Männer abhauen und Frau und Kind verlassen, als ginge sie ihr Nachwuchs überhaupt nichts an. Darüber, dass Mütter ihren eigenen Kindern davonlaufen. Lotti hat mich aber gelehrt, nicht zu urteilen, sondern zu verstehen. Oder dies zumindest zu versuchen. Was anderes tun als abhauen, wenn das eigene Versagen, die Familie zu ernähren, einen zu erdrücken droht? Was anderes tun als flüchten, wenn man die Enge in einer vier Quadratmeter grossen Hütte und die permanente Nähe von Verwandten und deren Kindern nicht mehr erträgt?

Jede Geschichte hat zwei Seiten. Und während ich dazu neige, die zu sehen, die sich mir präsentiert, dreht Lotti das ganze Gefüge regelmässig und stoisch um hundertachtzig Grad und beweist damit, dass sie nicht hier ist, um zu richten, sondern um einiges zu richten. Auch das Wort «richten» hat zwei Seiten.

Das von der Mutter zurückgelassene Kind, ein Bub, ist knappe drei Monate alt und positiv. Lotti fragt, ob er gestillt worden sei, was die Tante bejaht, und meint dann lakonisch: «Vielleicht ist es ein Glück, dass die Mutter ihn verliess, jetzt wird er nicht mehr gestillt, und wer weiss, ob wir dadurch in fünfzehn Monaten ein anderes Resultat bekommen.»

Sie klärt die Tante auf, dass sie keine Angst zu haben brauche, der Knabe stecke das Baby in ihrem Bauch nicht an. Lotti bittet sie, das Kind regelmässig zur Kontrolle vorbeizubringen, es unter keinen Umständen beschneiden zu lassen, damit sein Blut nicht den nächsten Buben anstecke, der mit demselben Instrument beschnitten würde. Und sie gibt ihr eine kleine Schere mit. Dies, weil es auch durch die hier verbreitete Gewohnheit, die Nägel der ganzen Familie mit ein und derselben Rasierklinge zu schneiden, immer wieder zu Neuansteckungen kommt. Bei Bouba zum Beispiel ist sich Lotti sicher, dass es nicht die Mutter war, die ihm das Virus übertrug, sondern ein solcher kleiner Unfall.

Draussen sitzen noch ungefähr zehn Personen. Marcels Bruder, der Lotti für die Pflege von Marcel bezahlen wollte, sehe ich nirgends. Kneift er? Vielleicht. Vielleicht hat er aber auch ganz einfach keine Zeit und kommt erst in einer Woche.

Der Nachmittag zieht sich hin, Julien muss auf jedem Krankenblatt das Wort «positiv» vermerken. Windmühlen! Lotti kämpft gegen Windmühlen. Oder doch nicht? Zwei Mütter warten mit ihren achtzehn Monate alten Kindern noch darauf, an die Reihe zu kommen.

Ich drücke die Daumen, hoffe, dass sich das Virus bei den beiden Kindern abgebaut hat, und überlege, ob ich mit Gott einen Deal abschliessen soll. «Wenn diese beiden negativ sind, dann ...», aber ich lasse es bleiben. Letztes Jahr wurden nur gerade fünf Kinder negativ, warum sollten es heute, an einem einzigen Tag, drei sein?

Später erzähle ich Lotti, ich hätte mit «dem da oben» fast einen Handel gemacht, was sie zu einem herzhaften Lachen hinreisst. Sie habe, sagt sie dann, vor kurzem auch gedealt: «Man brachte mir eine Frau mit einer geplatzten Eileiterschwangerschaft. Ihre Bauchhöhle war voller Blut und ihre Anämie schon so gross, dass sie nicht nur ganz fahl im Gesicht war, sondern auch schon apathisch. Ich war heilfroh, dass ich den neuen Krankenwagen hatte, und brachte sie mit Blaulicht und Martinshorn, so schnell ich konnte, ins nächstgelegene Spital. Da man dort seit Stunden keinen Strom hatte, gab es keine sterilen Instrumente und Tücher – eine Operation war ausgeschlossen. Also ab zum nächsten Spital. Dort sagte man mir, der Zustand der Frau sei viel zu instabil, als dass man jetzt noch operieren könne. Sie hatten Recht, ihr Hämoglobin betrug noch knappe zwei Gramm pro Deziliter. Normal wären zwischen elf und sechzehn gewesen. Aber ich wehrte mich. Es sei mir lieber, sie sterbe auf dem Operationstisch als hier im Gang. Als alles nichts half, schmollte ich wie ein kleines Kind, und als auch das nichts bewirkte – die Zeit lief uns davon –, meinte ich lakonisch: ‹Nun, wenn ihr das Geld nicht nötig habt, das ihr hier verdienen könntet ...› Man operierte. Zwei Stunden später, es war sieben Uhr abends, kam sie aus dem Operationssaal. Mehr tot als lebendig, aber immerhin atmete sie noch. Ich ging nach Hause, telefonierte jede Stunde mit dem Spital, erkundigte mich nach ihrem Zustand. Es ging mir zu dieser Zeit nicht sehr gut, man boykottierte das Mütterheim, das ich bauen will, von allen Seiten, die Stromrechnung war enorm, und ein Journalist wollte einen Bericht über mich schreiben, hörte mir aber, wie ich sofort merkte, überhaupt nicht zu. Ich hatte das Gefühl, die ganze Welt habe sich gegen mich verschworen, und brauchte dringend ein Erfolgserlebnis. Aber was ich mir so sehr wünschte, trat nicht ein. Die Frau erholte sich nicht. Sie lebte zwar, aber sie kam nicht wieder zu sich. Auch noch nicht morgens um vier. Und da verhandelte ich: ‹Lieber Gott, wenn sie stirbt, dann habe ich nichts weiter getan, als ihr das Leben zu verlängern, und dir dabei ins Handwerk gepfuscht. Stirbt sie, zeigst du mir, dass mein Platz nicht in Adjouffou ist. Überlebt sie, weiss ich, dass du mich hier haben willst.›»

Lotti holt Luft, zieht die Pause in die Länge. Ihre Lachfalten werden ein klein wenig tiefer: «Drei Stunden später hatte ich, was ich mir so sehnlichst wünschte.»

«Aber», will ich wissen, «was, wenn sie gestorben wäre, wärest du tatsächlich gegangen?»

«Wer weiss, wer weiss?»

«Nie im Leben! Du hättest die nächstbeste Gelegenheit wahrgenommen, um neu zu dealen. Du hättest rebelliert. Und dafür mag ich dich so sehr.»

Nun, vielleicht hat Julien statt meiner mit Gott verhandelt, die beiden Kleinen sind – N-E-G-A-T-I-V!

Später, auf dem Nachtmarkt, erzählen wir Adelaide, die mehr im Stuhl liegt als sitzt – es sich aber partout nicht nehmen liess, mit von der Partie zu sein –, dass drei ihrer Zöglinge, die dank ihrer Überzeugungskraft nicht gestillt wurden, gesund sind. Und prompt sitzt sie kerzengerade im Stuhl. Stolz. Froh. Zufrieden.

Serviert wird afrikanisches Bier, Fanta, Coca-Cola. Dreissig Menschen prosten sich zu, geniessen es in vollen Zügen, Geladene zu sein. Ouattara organisiert, macht die Sitzordnung, saust zwischen Pouletstand und Restaurant hin und her, holt, bringt, lacht und übt dabei: «Good night». Immer wieder «Good night.»

«Gut machst du das!», lobe ich ihn.

César ist vom Slum Vridi-Canal hergekommen. Die umgerechnet fünfzig Rappen für das öffentliche Taxi habe ich ihm spendiert. Hätte ich dies nicht getan, wäre er nicht hier. Er hätte das Geld nie auftreiben können.

Véronique ist da, Monique und Hortense, Pierre, der Buchhalter, Solange, das Kindermädchen, Ange und Félix, die Pfleger, Monsieur Koné, die Vertretung von Monsieur Konaté, und YaYa – wo ist YaYa? Lotti weiss es.

«Er ist nicht hier und wird wohl auch nicht kommen. Ich habe heute einen Brief von ihm erhalten, in dem er mir mitteilt, er habe eine Stelle als Lastwagenchauffeur gefunden. Leider hatte er nicht den Mut, ihn mir selber zu überbringen, sonst hätte ich ihm gratulieren können.»

«Er hatte wohl Angst, du würdest sauer werden.»

«Ich werde es ihm schon noch sagen, dass ich ja wohl nicht so blöd bin, ihm den Lkw-Führerschein zu ermöglichen, wenn ich nicht wollte, dass er dann auch eine Stelle bekommt! Ich freue mich für ihn. Er ist zu jung, um jeden Tag mit dem Tod konfrontiert zu werden. Oder?»

Lotti hilft nicht nur Kranken und Sterbenden, sie gibt auch Hilfe zur Selbsthilfe. Den Frauen ermöglicht sie den Kauf von Marktständen, den Männern das Erwerben des Führerscheins. Der dabei abgeschlossene Vertrag sieht vor, dass das investierte Geld in kleinen Raten zurückkommt, damit neue solche Projekte unterstützt werden können.

Ouattara bringt das Poulet braisé. Zu viert essen wir von einem Teller, trinken Bier aus Flaschen, und ob all der Geselligkeit hätte ich beinahe Arlette und Monsieur Konaté vergessen. Als ich aufstehe und mich entschuldige, weil ich schnell ins Spital runterwolle, bietet Ouattara mir an, den Botengang für mich zu übernehmen. Ich lass ihn mir aber nicht nehmen. Packe zwei Flaschen Cola unter den Arm, damit ich die Hände für die Pouletschenkel frei habe, und überrasche die beiden, die die Festung halten, mit meinem Kommen sehr. Mehr noch, Monsieur Konaté ist heilfroh, dass ich da bin. Allerdings nicht wegen des Essens, sondern weil er sich bei Lotti telefonisch erkundigt hat, was für ein Medikament er Alimata geben könne, sie klage über starke Schmerzen. Und weil er nicht lesen kann, wies ihn Lotti an, mich zu bitten, Tramal aus der Apotheke zu holen. Bevor ich gehe, küsse ich Alimata auf die Stirn und wünsche Dieu-Donné, der sich samt seiner Infusion vor den Fernseher gehockt hat, eine gute Nacht. Seine Mutter hat sich neben ihn gelegt und schläft. Etwas, das die kleine Maeve nicht tut. Arlette versucht geduldig, sie in den Schlaf zu singen.

Auf dem Weg zurück zum Nachtmarkt stelle ich mir ein Leben ohne Buchstaben vor. Nie ein Buch lesen! Nie eine Liebeserklärung schreiben! Keinen Vertrag kontrollieren! Kein Rezept nachkochen! Keine Gebrauchsanweisung studieren! Keine Adresse notieren! Keinen Strassennamen erkennen! Nach letzten offiziellen Schätzungen ist etwa die Hälfte der Menschen in der Elfenbeinküste nicht alphabetisiert. Zweiundvierzig Prozent der Männer und sechsundfünfzig Prozent der Frauen sind Analphabeten.

Das tut der Ausgelassenheit auf dem Nachtmarkt allerdings nicht den geringsten Abbruch. Nein, es ist nicht laut und auch nicht überbordend, keiner tanzt auf den Tischen, keiner ist sturzhagelbetrunken. Beschwipst, doch, das schon. Ist ja auch schwierig, mit Biertrinken aufzuhören, wenn Ouattara die leeren Flaschen fleissig gegen volle austauscht. Nun, mein Budget wird es nicht sprengen. Der ganze Abend wird zu einem der schönsten Geschenke, die ich mir je machen durfte.

Das wird vollends klar, als Monsieur David, der Apotheker, aufsteht um, als Ältester, eine Rede zu halten. Er sei, wie alle anderen hier auch, heute Abend sehr, sehr glücklich.

Nun wendet er sich an mich: «Nicht nur, weil es zu essen und zu trinken gibt, sondern auch, weil du uns bereits zum dritten Mal besuchst. Du vergisst uns nicht, das ist schön und ehrt uns. Und …», jetzt macht Monsieur David eine kleine Kunstpause, «du hilfst damit Madame Lotti. Was würden wir ohne sie tun. Wer von uns hätte die Kraft, ohne Madame Lottis …»

«Stopp, stopp, stopp», greift nun Lotti ein, «das genügt, lassen Sie mich bitte aus dem Spiel, Monsieur David.»

«Oh nein, Madame Lotti, was gesagt sein muss, will ich sagen! Als Ältester darf ich das, und wenn Sie, Madame Lotti, es kurz haben wollen, bitte: Sie sind ein Engel!»

Bravorufe! Gejohle! Lacher!

Monsieur David verneigt sich kurz und setzt sich dann, worauf Ouattara sich erhebt und von Félix, dem Pfleger, sofort zurechtgewiesen wird: «Schön der Reihe nach, Ouattara, ich bin der Zweitälteste, nun rede ich.»

Félix nimmt die übergrosse Brille von der Nase, stellt die Beine etwas breiter, setzt die Brille wieder auf, holt tief Luft und meint mit ausladenden Bewegungen: «Dieser Abend ist wundervoll, auch ich möchte nun Danke sagen. Madame Lotti, wie Sie ...»

«Fertig, Félix, bitte! Es ist zwar nett, aber ich bin heute nicht die Hauptperson, und du, Ouattara, bleibst auch schön sitzen, ich ...»

Nun muss auch Lotti lachen. So fröhlich war der Nachtmarkt, seit ich ihn kenne, noch nie. Rund um uns stehen Zaungäste, klatschen Beifall, worauf ein kleines Mädchen beginnt, sich rhythmisch zu bewegen, so stimmig, weich und geschmeidig, wie ich dies nur hier gesehen habe. Als wieder Ruhe eingekehrt ist, Félix schier einschläft und der heute so emsige Ouattara wieder damit begonnen hat, Nachschub zu bringen, stupft mich Lotti in die Seite: «Nun wäre es an dir als Gastgeberin, noch ein Wort zu sagen.»

Ich stehe also auf, worauf abrupt Ruhe eintritt.

«Madame Lotti», hebe ich an, worauf Lotti die Augen verdreht, was alle zu neuem Gelächter veranlasst und Lotti Zeit gibt, mich anzuschnauzen: «Ich warne dich!»

«Madame Lotti», beginne ich von neuem, und weil es mir so Spass macht, hau ich noch einen drauf: «Maaaa-dame Lotti will nicht, dass man heute Abend über sie redet, das verstehe ich gut, weil heute Abend seid ihr alle die Hauptpersonen, ihr, die ihr so vieles leis...», ich unterbreche mich selbst, allzu pathetisch soll es ja wirklich nicht werden, und was ich zu sagen habe, lässt sich in einem einzigen Satz sagen: «Euch alle zu kennen, hat mein Leben bereichert.»

Donnerstag, 11. März

Punkt sechs Uhr drehe ich mich noch einmal um. Nein, keine Kopfschmerzen! Aber, ehrlich gesagt, eine halbe Flasche Bier zu viel hatte ich vielleicht schon. Warum schlafe ich heute nicht einfach aus? Als mir das knappe Wasser einfällt, klappe ich blitzschnell aus der Horizontalen in die Vertikale, achte nicht auf meinen Kopf, den ich nun doch spüre, und hechte unter die Dusche. Zu spät! Nicht ein Tropfen.

Durch das fliegenvergitterte Fenster sehe ich Ouattara seine Haare trocken reiben.

«Hattest du Wasser, Ouattara?»

Ich bekomme keine Antwort, sondern ein «Merci pour hier!», ein Danke für gestern. Ich werde es den ganzen Tag hören, jede und jeder wird sich persönlich und mit Handschlag für gestern bedanken.

«Von Herzen gern geschehen», werde ich daraufhin sagen und tue dies auch jetzt.

Frage dann noch einmal: «Hattest du Wasser, Ouattara?»

«Ja, komm runter, hier reicht der Druck noch aus, aber nicht mehr lange, beeil dich!»

Ich stolpere die Treppe hinunter, verbarrikadiere mich, drehe den Wasserhahn auf, schaffe es gerade noch, ein bisschen nass zu werden. Und wenn ich vorgestern darüber noch unzufrieden gewesen wäre, bin ich heute glücklich, dass es wenigstens dazu reicht.

Nun, ich hätte mich ebenso gut nicht waschen können, denn zwei Stunden später bin ich total verschwitzt. Nicht nur wegen der Hitze, sondern auch wegen des Adrenalinausstosses, den mir ein Abenteuer beschert, welches ich mir bis anhin noch nicht hatte zumuten wollen: eine Fahrt im Taxi! Nicht in einem der gelb-blauen, die hier wie Busse verkehren, billig sind und so viele Fahrgäste reinstopfen wie möglich.

In einem orangefarbenen, das man für sich allein hat. Immerhin. Aber, ob ich mit Lotti als Chauffeuse hoch oben in ihrem Geländewagen mitfahre oder in einem Personenwagen, der bei uns noch nicht mal mehr als Schrott durchgehen würde, ist ein kleiner Unterschied. Lottis Fahrstil lässt vielleicht in Sachen Hühner zu wünschen übrig, aber beim Taxifahrer will ich das Wort Fahrstil noch nicht mal in den Mund nehmen. Wenigstens sitzt Pierre, der Buchhalter, neben mir, verströmt Ruhe und sagt, er wisse gar nicht, warum ich immer wieder die Augen schliesse, der Mann verstehe sein Handwerk doch.

Pierre begleitet mich nach Treicheville, wo ich für den Stecker meines Laptops einen Adapter kaufen will. Offenbar möchte der Fahrer, dass ich schneller ans Ziel komme, als mir lieb ist. Inzwischen schliesse ich nicht mehr nur die Augen, sondern trete alle paar Sekunden mit beiden Füssen voll auf eine imaginäre Bremse. Was mich am meisten verunsichert, ist, dass Fussgänger und Velofahrer für den Mann nicht die geringste Bedeutung zu haben scheinen und dass der Bremsweg verdächtig lang ist. Nicht nur, weil der Taxifahrer ständig viel zu spät reagiert, sondern weil der Wagen offensichtlich fast keine Bremsbeläge mehr hat. Über die ganze Frontscheibe zieht sich ein diagonaler Riss, am Rückspiegel – doch, den hat er! – baumelt ein Heiligenbild, unter dem Armaturenbrett hängen Kabel heraus, und wenn er in eines der Schlaglöcher fährt, von denen es hier haufenweise gibt, springt der Deckel der Kühlerhaube auf. Nicht viel, nur ein klein wenig.

Eigentlich wollte ich auf dieser Fahrt Pierre fragen, ob er damit einverstanden sei, dass ich seine Geschichte aufschreibe – kann aber ausser «ui, ui, ui» keine Silben formen. Würde ich ihn besser kennen, würde ich seine Hand halten.

Nach einer halben Stunde sind wir dort, wo Pierre mich hinbringen wollte. Ich dachte, er gehe mit mir in einen dieser Supermärkte, die es in Abidjan gibt, doch weit gefehlt, ich bin in einem Quartier gelandet, das ein bisschen an China Town erinnert. Chaos pur. Einen Adapter finden wir auch beim dritten Geschäft nicht. Das vierte, das nicht von einem Afrikaner, sondern von einem Franzosen geführt wird, hat auch keinen, aber der Chef hat eine Idee: «Haben Sie das Kabel dabei?»

Ich lege es ihm auf den Tresen, er empfiehlt, den dreipoligen Stecker wegzuschneiden und durch einen zweipoligen zu ersetzen, und weil ich keine andere Möglichkeit sehe, stimme ich zu. Während der einzige Angestellte des Franzosen ganze Arbeit leistet, frage ich den Besitzer, warum seine Wände so verrusst seien.

«Das ist das Resultat des im Januar letzten Jahres unterzeichneten Friedensabkommens.»

Sämtliche Medien berichteten damals von Explosionen und schweren Unruhen in der Innenstadt, von zahlreichen Leichen in den Strassen, von brennenden Moscheen und Kirchen, Plünderungen französischer Geschäfte und dem Sturm auf französische Schulen. Die im Süden ansässigen Anhänger von Präsident Laurent Gbagbo warfen der Regierung in Paris vor, den Rebellen im Norden und Westen zu weit entgegengekommen zu sein.

Der Geschäftsinhaber meint, er sei heilfroh, dass er den Schaden noch nicht behoben habe, denn er erwarte jeden Moment das Ausbrechen neuer Konflikte. Und dies trotz der von der Uno entsandten Friedenstruppe. Er ist nicht der Einzige. Die Verunsicherung ist sogar im Slum Gesprächsthema Nummer eins. Gestern hatte Lotti eine Zeitung in der Hand, die meldete, dass die Regierung jedwelche Demonstration verboten habe. Die politische Situation hier ist eine Zeitbombe.

Als das Kabel gute fünf Zentimeter kürzer ist, stellen wir uns an den Strassenrand, um ein Taxi anzuhalten. Kaum sitzen wir drin, tut es mir Leid, dass ich das erste nicht gleich auch für die Rückfahrt gebucht habe. Unten, oben, rechts und links schepperts und klirrts, klapperts und krachts. Im Slalom überholen wir vor uns fahrende Autos, die an Auspuff und Stossstange Kinderschuhe oder Bananen und ab und zu sogar eine Ananas hängen haben. Dies, um drohendes Unheil von sich abzuwenden.

Leider lässt sich ein Taxi vor uns partout nicht überholen, was dazu führt, dass sich die beiden Fahrer einen Denn-sie-wissen-nicht-was-sie-tun-Wettkampf liefern. An der Stossstange unseres «Gegners» hängt keine Frucht, sondern steht in grossen weissen Lettern: «Tout ce que Dieu fait est bon.» Alles, was Gott macht, ist gut.

Und es gibt tatsächlich noch Wunder: Wir kommen heil an. Ich lade Pierre zu einer Flasche Cola am Kiosk ein und frage ihn das, wozu ich auch auf der Rückfahrt nicht kam.

Er nickt: «Wenn dich meine Geschichte interessiert, ja, dann schreib sie doch auf. Aber weisst du, eigentlich kannst du dir die Arbeit sparen. Lotti hat mir an meinem ersten Arbeitstag hier einen Brief auf den Computer gelegt, den ich seither in meinem Portemonnaie mit mir rumtrage, lies ihn, er sagt alles.»

Pierre!
Wie hast du mich erschüttert, als ich dich das erste Mal gesehen habe. Man brachte dich in einem Rollstuhl, du warst ein Häufchen Elend, hattest dreissig Mal Durchfall am Tag, den Mund voller Wunden, warst blutarm. Du konntest nicht sprechen, nicht gehen, nicht essen, kaum trinken, wer dich sah, wünschte, du müsstest nicht mehr lange leiden und könntest bald sterben. Drei Tage warst du bei uns, dann sah ich, wie viel Kraft in dir noch schlummerte und wie gross dein Mut noch war. Und tatsächlich, deine Menschenwürde kehrte zurück.
Als du wieder zu sprechen begannst, sagtest du, du wollest gesund werden, um mir zu helfen. Ich sagte, das sei gut, denn ich bräuchte irgendwann sicher jemanden, der etwas von Computern versteht und mir die Buchhaltung machen kann.
Ehrlich gesagt, wagte ich damals noch nicht zu hoffen, dass du tatsächlich einmal die steile Treppe ins Gästezimmer hochsteigst, um dort oben zu arbeiten. Der Weg, der vor dir lag, war eigentlich unüberwindbar.
Aber du hast nicht aufgegeben, du assest all die Schokoladenbrötchen, die ich dir vorsetzte, auch wenn du keinen Hunger verspürtest, du sam-

meltest jeden Tag deinen Lebensmut neu zusammen, du hieltest dich ganz diszipliniert an unsere Anweisungen. Und dann standest du eines Tages in deiner ganzen Grösse vor mir und nahmst ganz zärtlich mein kleines Gesicht zwischen deine grossen Hände, du küsstest meine Stirn und sagtest: Danke.
Meine Tränen flossen von allein, als du nach Hause gingst. Und dann warst du weg, wieder daheim, und ich kannte noch nicht einmal deine Adresse. Per Zufall fand ich die Telefonnummer einer deiner Brüder, der einwilligte, mich zu dir zu führen. Ich machte mich auf den Weg zu dir. Angekommen in deinem Haus, empfingest du mich stolz wie ein König in deiner Tunika vor der Tür. Aufrecht und in deiner ganzen Grösse. Was für ein Glück, dich so vorzufinden!
Ich brachte dir ein Schokoladenbrötchen und die letzten Resultate deiner Blutwerte, die mir nicht viel Hoffnung gaben. Aber ich brachte dir auch den Vorschlag, dich zu einem Arzt zu bringen, damit er dir die Tri-Therapie verschreiben kann. Ich erklärte dir, du könntest sicher noch fünfzehn Jahre leben, wenn du einwilligst, und du sagtest, du wollest es versuchen.
Als ich dich damals verliess, betete ich zu Gott, dass es nicht zu spät war, aber das sagte ich dir nicht. Und heute kommst du nun tatsächlich zu mir ins Zentrum, um hier zu arbeiten. Steigst die Treppe hinauf, lachst und strahlst und bist erst noch frisch verliebt! Ich gratuliere dir, und ich möchte dir sagen: Einen besseren Buchhalter könnte ich mir nicht wünschen!

Lotti

Nachdem ich den Brief gelesen und ihn Pierre wieder zurückgegeben habe, bittet er mich, die Fotos, die ich von ihm gemacht habe, nicht zu veröffentlichen und seinen Namen zu ändern, da seine Familie noch immer nicht wisse, woran er wirklich leide. Ich verspreche es ihm. Dann verabschieden wir uns. Pierre will noch arbeiten, und ich will ins Sterbespital runter, wo ich von einem wimmernden Christ empfangen werde. Seine Stirne glüht. Lottis Diagnose: Malaria. Ich nehme den kleinen Patienten auf den Arm und gehe mit ihm in ihr Büro, stelle dort die Klimaanlage ein, lege mich hin, Christ auf meinem Bauch.

Nach gut einer Stunde klopft es an die Türe. Lotti setzt sich zu uns. Sie brauche das Büro für eine kleine Sitzung, wolle uns aber nicht vertreiben. Ohne dass Christ erwacht, setze ich mich auf, lege ihn auf meinen Schoss, und Lotti holt den Pfleger Félix und den Putzmann Jean-Baptiste. Félix setzt sich neben mich aufs Bett, Lotti nimmt den Stuhl, Jean-Baptiste eine mit Windeln gefüllte Kartonschachtel.

Lotti beginnt ganz ernst: «Monsieur Jean-Baptiste, Sie haben es sicher schon gehört, YaYa hat gekündigt. Félix, der die Pfleger unter sich hat, schlug mir nun vor, Sie zu YaYas Nachfolger zu machen. Wären Sie interessiert?»

Jean-Baptiste zieht die Augenbrauen zusammen, nickt. «Wann soll ich beginnen?»

«Nicht so schnell, Jean-Baptiste, ich möchte, dass Sie sich mein Angebot gut überlegen, Sie müssen ganz sicher sein, dass Sie mit den Kranken arbeiten wollen.»

«Das mache ich doch jetzt schon, eigentlich.»

Lotti wehrt ab. «Es ist ein Unterschied, Jean-Baptiste, ob Sie dreimal im Tag in die Zimmer gehen, um den Boden zu wischen und die Nachttische abzustauben, oder ob Sie zehn-, was sag ich, zwanzig-, dreissigmal reingehen, um Windeln zu wechseln, zu trösten, zu pflegen.»

Jean-Baptiste meint: «Ich kann das schon, Madame Lotti, ich will hier arbeiten und Ihnen helfen.»

«Die Kranken sind schwierig, fragen Sie Félix, der kann Ihnen ein Lied davon singen.»

Félix richtet seine Brille, räuspert sich: «Unsere Patienten können tatsächlich sehr mühsam sein. Es gibt solche, die ständig etwas verlangen, immer etwas auszusetzen haben, sich aufführen, als wären sie in einem Hotel und wir ihre ganz persönlichen Sklaven. Seit drei Tagen habe ich einen neuen Patienten dieser Art, er beschimpft mich, er schmeisst seine gebrauchten Taschentücher auf den Boden und befiehlt mir, sie aufzuheben. Ich rege mich fürchterlich über ihn auf und muss ihm trotzdem die Windeln wechseln, das ist nicht einfach.»

Lotti will wissen, von welchem neuen Patienten Félix redet, und ich weiss, dass sie diesem, sobald die Sitzung fertig ist, die Leviten lesen wird.

Jean-Baptiste bekräftigt einmal mehr, er wolle Lotti helfen und deshalb den neuen Posten annehmen. Lotti aber will, dass er ganz genau weiss, worauf er sich einlässt: «Windeln zu wechseln, das ist ein technischer Akt, das werden Sie schnell raushaben. Aber seinen Ekel dabei nicht zu zeigen, das Würgen im Hals zu unterdrücken, wenn der Geruch einem in die Nase steigt, das ist etwas anderes und sehr viel schwieriger.»

«Mit der Hilfe von Félix schaffe ich das!»

Lotti lässt nicht locker: «Sie können auch Nein sagen, Jean-Baptiste, es ändert sich nichts, Sie behalten Ihren jetzigen Posten und helfen mir damit mehr, als wenn Sie Ihre neue Arbeit nicht gerne verrichten. Wollen Sie es tatsächlich versuchen, dann müssen Sie sich vorher fragen: Kann ich Menschen mit eiternden Wunden berühren, kann ich sie waschen, bin ich bereit, Tote aus den Zimmern zu tragen?»

«Ich möchte es gerne versuchen, wenn ich darf, Madame Lotti.»

Ich habe das Gefühl, er hat längst begriffen, um was es geht. Doch Lotti will mehr.

Und Félix hilft ihr dabei: «Lotti hat uns gelehrt, uns vorzustellen, dass wir es sind, die todkrank im Bett liegen. Oder unsere Töchter, unsere Söhne, unsere Eltern, unsere Frauen. Sie hat uns beigebracht, dass die Kranken es spüren, ob wir sie mögen oder nicht. Hat uns gebeten ihre Ungeduld, ihre Gehässigkeiten richtig zu verstehen und sie zu entschuldigen.»

Jean-Baptiste hört ruhig zu, nickt immer wieder bestimmt.

«Etwas noch», bringt Lotti an, «wir haben Menschen hier, die kompliziert sind, nicht allein wegen der Schmerzen, die sie erleiden müssen. Viele waren im Gefängnis, einige sind Diebe. Wir haben

Männer in den Betten, von denen ich ganz genau weiss, dass sie ihre Frauen geschlagen haben, trotzdem sind alle willkommen.»

Félix schaut Jean-Baptiste an und lacht: «Manchmal dünkt mich, je schwieriger die Patienten sind, desto mehr liebt sie Madame Lotti.»

Und trifft den Nagel damit auf den Kopf.

Jean-Baptiste steht auf: «Madame Lotti, lassen Sie es mich bitte versuchen.»

Lotti lächelt. «Unter der Bedingung, dass Sie mich sofort informieren, wenn Sie merken, dass es nicht geht.»

Jean-Baptiste setzt einen Punkt: «Ich bin vierundfünfzig, vergessen Sie das nicht!»

Als alle drei draussen sind und Christ nach wie vor schläft, sinniere ich darüber, was Pfleger, Krankenschwestern und Putzpersonal hier Tag für Tag leisten, und mag YaYa seinen neuen Job als Lastwagenfahrer von Herzen gönnen. Nur der blinde Felix tut mir Leid, er verliert einen Freund.

Christ erwacht, als ich ihn aufs Bett lege, sagt, er habe Durst. Ich gehe mit ihm zum einzigen Wasserhahn im Hof, drehe ihn auf. Kein Wasser!

Kein Wasser zu haben, um zu duschen ist das eine. Kein Wasser zu haben gegen den Durst, das andere. Kein Wasser, um sich – nachdem man jemandem die Windeln gewechselt hat – die Hände waschen zu können, das Dritte. Aber Hortense, die Köchin, hat vorgesorgt und am Morgen etliche leere Pet-Flaschen aufgefüllt. Christ trinkt drei Becher leer, tapst dann zu Solange, die ihm etwas zu essen bereitgestellt hat.

Ich nutze den Moment und gehe zum blinden Felix. Er sitzt auf seinem angestammten Platz, dem neu bezogenen Sofa, streckt die Hände nach mir aus. «Goby?»

«Ja. Felix, sag, wer hat dich heute nach draussen geführt?»

«Ange. YaYa kommt nicht mehr.»

«Ich weiss, er fährt jetzt Lastwagen.»

Felix lächelt. «Das ist gut.»

«Hast du auch gearbeitet, früher?», frage ich ihn nun.

«Sicher, ich war Matrose.»

«Matrose? Auf einem grossen Schiff?»

Felix strahlt. «Wo denn sonst, Goby, wo denn sonst? Ich kenne alle Häfen des Mittelmeeres. Neapel, Casablanca, Marseille, Algeciras, und ich kenne auch Lissabon und Hamburg.»

«Es klingt, als hättest du eine gute Zeit gehabt.»

«Nun, ich war kräftig, meine Augen waren noch gut, und ich liebte den Geruch des Salzwassers und die Landgänge auch.»

«Du musstest aufhören wegen deiner Augen?»

«Auch, aber, nun – es kam irgendwie alles auf einmal.»

Ich merke, dass Felix traurig wird, sich zurückzieht, nichts mehr dazu sagen will, und lenke ab: «Am Samstag gehe ich nach Hause.»

«Schon? Das war aber kurz dieses Mal.»

«Ich weiss.»

«Kommst du wieder?»

«Bestimmt, und dann bringe ich dir etwas mit.»

«Oh?» Felix richtet sich kerzengerade auf.

«Gibt es etwas, das du unbedingt haben möchtest, Felix?»

«Segelschuhe.»

«Segelschuhe?»

«Turnschuhe aus Tuch, ich glaube man spielt damit auch Tennis.»

«Du möchtest Turnschuhe? Aber sind deine Flipflops hier in der Hitze nicht angenehmer?»

Felix' Lachen kommt von tief unten: «Nicht für lange Strecken.»

«Ach so?»

«Ich möchte mich mehr bewegen, verstehst du?»

Felix nimmt seine Ellbogen hoch, streckt sie vor und zurück, tappt dazu mit den Füssen an Ort. Seine Augen sind ins Leere gerichtet.

«Ich verstehe, ich werde dir Turnschuhe aus Tuch mitbringen. Welche Grösse hast du?»

«Achtunddreissig, aber es wäre mir lieber, du würdest eine Nummer grösser bringen, dann passen sie bestimmt.»

Als ich aufstehe und gehe, scheint es, er habe vergessen, traurig zu sein. Felix sitzt da wie immer, zufrieden lächelnd und mit hoch erhobenem Haupt. Auf der nackten Brust liegt sein grüner Rosenkranz.

In Lottis Büro probiere ich aus, ob der neue Stecker meinen Laptop nun mit Strom versorgt. Er tuts! Ich setze mich an die Tastatur, höre an der Tür ein leises Klopfen.

«Herein.»

Bouba! Verlegen seine Hände knetend, kommt er schüchtern ins Zimmer, stellt sich neben meinen Stuhl und umarmt mich. Ich bin ebenso überrascht wie berührt. Der Dreizehnjährige war bis anhin sehr höflich zu mir, gab mir auch schon zwei-, dreimal die Hand, aber zu mehr hat es nie gereicht. Die Distanziertheit, die er bis heute ausstrahlte, habe ich der fehlenden Zärtlichkeit seiner Mutter zugeschrieben. Sah ich doch Assita, die ihren Mann und alle anderen ihrer Kinder verloren hat, immer nur rüde und forsch mit ihrem Sohn umgehen. Und jetzt drückt er seinen Kopf an meinen Hals und sagt: «Ich wollte richtig Hallo sagen.»

«Das freut mich sehr, Bouba.»

Ich drücke ihn ganz fest, und bevor mich die Rührung überkommt, frage ich: «Solltest du nicht in der Schule sein?»

«Doch, aber ich habe den Lehrer gefragt, ob du uns besuchen könntest, und er hat ‹Ja› gesagt und mich gleich losgeschickt. Kommst du mit?»

Ich schalte den Laptop aus, nehme meine Tasche. Zehn Minuten später führt mich Bouba in einen grossen Hof, der von vier Schulzimmern umgeben ist. Aus dem einen tönt es im Chor: «Süü-ffi-ssa-mo.» Und gleich noch mal: «Süü-ffi-ssa-mo.» Als ich den Raum betrete, stehen alle Schüler wie auf Kommando auf, rufen «Bonjour» und setzen sich wieder. Der Lehrer kommt auf mich zu, begrüsst mich mit Handschlag. Bouba setzt sich ans Pult, das er mit Yusuf teilt. Der Lehrer bittet mich, auf seinem Stuhl Platz zu nehmen, geht wieder zur Wandtafel, schreibt «suffisamment» hin und erklärt: «Suffisamment bedeutet, dass man von etwas genügend hat, versteht ihr?»

Wieder tönt es im Chor: «Ja, wir verstehen.»

«Dann macht mir Sätze damit.»

Nun geht ein Wald von Armen in die Höhe. Dreissig Schüler an zwölf kleinen Pulten. An einigen arbeiten drei Kinder, obwohl der Platz höchstens für zwei reicht. Der Lehrer sucht sich netterweise Bouba aus, einen Satz zu formulieren.

Er steht auf: «Ich habe *genügend* Hausaufgaben gemacht», und erntet frohes Gelächter.

Auch der Nächste, der seinen Satz loswerden darf, steht auf: «Ich habe *genügend* Holz zusammengetragen.»

Dann steht ein Mädchen auf: «Ich habe meine Schwester *genügend* herumgetragen.»

Schliesslich will auch Rebecca etwas sagen. Rebecca, die mich schüchtern anlächelte, als ich hereingekommen bin, sitzt ganz vorne. Nicht an einem Pult, sondern in ihrem Rollstuhl. Auf den Armlehnen liegt ein Brett, darauf ihr Heft.

Rebecca leidet an der Glasknochenkrankheit und hat x-fach gebrochene Arme und Beine. Lotti hat sie mir bei meinem ersten Besuch mit den Worten: «Und das ist meine gescheite Rebecca», vorgestellt. Dass die Kleine mit dem unnatürlich abgewinkelten Arm schreiben kann, ist unglaublich. Sie hält eine Kreide in ihrer Hand, streckt sie in die Höhe, sagt: «Wir haben nicht *genügend* von dieser Kreide.»

Rebecca, Yusuf und Bouba, sie alle sind hier, weil Lotti das Schulgeld für sie bezahlt. Auch einige der anderen Schüler unterstützt sie. Die meisten der Kinder haben Aids und können deshalb nicht an eine öffentliche Schule. Dort herrscht die strikte Weisung, «positive» Kinder abzulehnen. Was aber auch als Glück gesehen werden kann: In öffentlichen Schulen sitzen in einer Klasse nicht dreissig, sondern achtzig Schüler.

Doch was hier eine Privatschule ist, wäre bei uns schlichtweg nicht denkbar. Die meisten der Kinder stecken in schmutzigen, zerrissenen Schuluniformen, die anderen tragen T-Shirts voller Löcher und Hosen, die sie mit Schnüren um den Bauch binden müssen, weil die Reissverschlüsse kaputt oder die Knöpfe abgerissen sind. Bücher halten oft nur noch durch Klebebänder zusammen, haben abgegriffene Ecken und sind grau vor Schmutz. Die grosse Wandtafel, auf die der Lehrer schreibt, hat Stellen, an denen das Holz unter dem Schiefer durchschimmert. Die Hefte, das sieht man von weitem, sind aus dünnstem Papier. Die kleinen Schreibtafeln teilen sie sich oft zu zweit. Genauso wie die Kreide. «Wir haben nicht *genügend* Kreide!»

Der Lehrer lächelt Rebecca an: «Gut! Du hast das Adverb *genügend* mit einem ‹nicht› gebraucht, sehr gut, Rebecca.»

Nun blitzt im Gesicht der Kleinen neben ihrer wachen Intelligenz Stolz auf, und so traurig es ist, sie anzuschauen, so wunderschön ist in diesem Moment ihr Strahlen.

Der Lehrer, den alle nur «Monsieur», nennen, hat die Klasse fest im Griff. Keiner redet dazwischen, niemand steht auf, ohne vorher seine Erlaubnis eingeholt zu haben, kein Getuschel. Die Klasse hängt geradezu an seinen Lippen: «Gut, gehen wir zur nächsten Lektion. Wisst ihr, was eine Lokomotive ist?»

Staunen. Nein, niemand scheint zu wissen, was eine Lokomotive ist.

«Versucht es, keine Angst, sagt, was könnte eine Lokomotive sein?»

In der zweithintersten Reihe hebt sich ein Arm, der Lehrer nickt der Kleinen zu, sie steht auf: «Ein gefährlicher Fisch?»

Nun, da niemand weiss, was eine Lokomotive ist, lacht sie auch niemand aus. Nur der Lehrer lächelt ein bisschen, als er sagt: «Nein, eine Lokomotive zieht einen schnellen Zug, einen sehr, sehr schnellen Zug.»

Und zeichnet dann einen sehr, sehr schnellen Zug auf die Wandtafel, denn auch das Wort «Zug», sagt seinen Schülern so viel wie «Fünfsternhotel», «Member-Card», «Duty-free-Shop» oder «Gourmettempel», nämlich nichts. Sie leben in einer Welt von ein paar hundert Quadratmetern. Kommen nie aus dem Slum heraus.

Wenn sie grösser sind, kann es sein, dass ihre Welt – falls sie das Geld für das öffentliche Taxi haben – sich auf ein paar Quadratkilometer ausdehnt. Grösser, das hat mir Ouattara verdeutlicht, grösser wird ihre Welt nicht. Aber – sie lernen lesen, und sollten sie später einmal das Glück haben, sich ein Buch kaufen zu können, dann kann es sein, dass sie doch auf Reisen gehen. Lesend erfahren, dass es in Paris so kalt wird, dass das Wasser gefriert, und dass man in London Englisch spricht.

Nachdem Yusuf die Geschichte von der Lokomotive und dem Zug, in dem Vater und Tochter eine Reise machen, ziemlich flüssig vorgelesen hat, fragt der Lehrer seine Schüler, wer die Geschichte in einem Rollenspiel vortragen will. «Ich, ich, ich, ich», jedes möchte vor die Klasse treten. «Monsieur» bestimmt einen Jungen aus der vordersten und ein Mädchen aus der hintersten Reihe, und das kleine Theater ruft herzliches Gelächter hervor.

Den Lehrer freuts. Stolz auf seine Klasse, steht er neben der Wandtafel. Das eine seiner Beine ist merklich kürzer als das andere. Wenn er geht, schleppt er den linken Fuss nach. Seine Behinderung untergräbt seine Autorität in keiner Art und Weise.

Die Stunde wird mit einem Lied beendet, dessen Wortlaut unmöglich zu verstehen ist, so vielstimmig und fröhlich chaotisch kommt es daher. Noch bevor ich mich richtig vom Lehrer habe verabschieden und mich für die Einladung habe bedanken können, werde ich rechts und links von Yusuf und Bouba flankiert, die mich hoch erhobenen Hauptes zurück zum Sterbespital begleiten.

«Na, da bist du ja!» Lotti scheint mich gesucht zu haben. «Ich wäre beinahe ohne dich losgefahren. Komm, steig ein, ich muss nach Vridi-Canal, César hat mich gerufen.»

Nach einer halben Stunde Fahrt kommen wir bei den Gleisen an, die den Slum von der Strasse trennen. Ein einziger Güterwagen steht auf den Schienen, seine Räder sind halb durchgerostet.

Lotti meint: «Verglichen mit Vridi-Canal, ist Adjouffou ein Villenquartier.»

César wartet schon, führt uns durch verschlungene Wege mitten hinein in ein Chaos von mehr oder minder breiten Wegen, Abfallhaufen, streunenden Hunden, scharrenden Hühnern. César will Tempo machen und uns zu dem Mädchen führen, für welches er Lotti kommen liess. Aber es ist schwierig, vorwärts zu kommen. Überall wird Lotti herzlich begrüsst, man will sich mit ihr unterhalten, sie berühren. «La Blanche» hetzt hinter César her, entschuldigt sich nach rechts und links und bleibt stehen, als ihr ein grosser Mann mit weit auseinander stehenden Zähnen entgegenkommt.

«Ibrahim!», begrüsst sie ihn erfreut, schaut ihn ernst an, «gehts nicht gut?»

Der ganze Kopf des Mannes ist so mit Schweissperlen bedeckt, dass man weder die Hitze noch Fieber dafür verantwortlich machen kann. Ibrahims Körper steht unter Stress.

Als er das Hemd auszieht und uns seinen Rücken präsentiert, sehen wir wieso. Stecknadelkopfgrosse mit wässriger Flüssigkeit gefüllte Bläschen bedecken ihn vom Schulterblatt bis zu den Hüften. Allerdings nur auf der rechten Seite der Wirbelsäule. Die charakteristischen Symptome einer Gürtelrose, einer durch Herpesviren hervorgerufenen Infektion, die sich immer nur halbseitig zeigt und wahnsinnige Schmerzen hervorruft. Die Pein, die eine so grossflächige Gürtelrose verursacht, muss unaushaltbar sein.

Lotti empfiehlt Ibrahim, zur Kräuterfrau im Slum zu gehen, und verspricht ihm, Medikamente vorbeizubringen. Während wir weiter hinter César hereilen, erzählt mir Lotti, dass Ibrahim Moslem ist und er sie – nachdem sein vierjähriger Sohn in ihren Armen gestorben war – mit den Worten tröstete: «Du hast alles Menschenmögliche getan, Lotti. Du hast nicht das letzte Wort. Das letzte Wort hat Allah, und du, du bist nicht Allah. Also akzeptiere es.»

Das Mädchen, zu dem uns César führt, ist etwa sieben Jahre alt, liegt in einem Bretterverschlag auf dem Boden, ist apathisch und hoch fiebrig.

«Malaria, wir nehmen sie mit!», ist Lottis Diagnose.

César nimmt die Kleine auf den Arm, wir gehen zurück zum Auto, werden aber noch einmal aufgehalten. Eine Mutter bittet Lotti, schnell bei ihrer Tochter vorbeizuschauen. Während César weitergeht, biegen wir in eine enge Gasse ein. Es stinkt fürchterlich. Schliesslich kommen wir zu einer kleinen sauberen Hütte, vor welcher ein etwa neunjähriges Mädchen liegt. Lotti hilft ihr, sich aufzusetzen, sieht ihr in die Augen, zieht das Lid nach unten. Was rötlich schimmern sollte, ist fast so weiss wie ihr Augapfel. Blutarmut wegen Unterernährung, infolge der einseitigen, eiweiss- und vitaminlosen Nahrung.

Oft gibt es nur einen Teller weissen Reis mit einem Würfel Maggi, der den Geschmack von Gemüse, Fleisch oder Fisch vorgaukelt und nichts anderes ist als ein bisschen Fett, null Vitamine und viel Geschmacksverstärker. Lotti bittet die Mutter, die Kleine zum Auto zu tragen, sie werde versuchen, ihr eine Bluttransfusion zu machen, und ihr dann Geld für Nahrung geben. Ein Tropfen auf einen heissen Stein?

Lotti bringt beide Kinder ins Ambulatorium, wo sich Dr. Ableauble Yao, ein junger Arzt, um sie kümmert.

Im Sterbespital fragt mich Lotti, ob ich mit ins Männerzimmer kommen wolle, sie habe Dieu-Donné dort in ein leer gewordenes Bett gelegt – was nichts anderes heisst, als dass wieder jemand gestorben ist – und sie wolle ihm den Verband wechseln.

«Ich komme später.»

Lotti geht, ich mache mit Emanuel «Hoppe, hoppe Reiter», und nachdem er das fünfte Mal «in den Graben» gefallen ist, gehe ich, obwohl er noch lange nicht genug hat, zum Männerzimmer. Der Geruch von Eiter liegt dick und schwer in der Luft. Es ist nicht mehr nur das Bein von Marcel, das stinkt, es ist jetzt auch der Hals von Dieu-Donné. Lotti und der Pfleger Ange versuchen, möglichst viel Eiter aus den Wunden zu drücken. Ich verschwinde, nicht um meine Nase zu schonen, sondern meine Ohren und mein Herz. Dieu-Donnés Schreie tun weh.

Ich setze mich zu Alimata, frage, ob sie uns morgen begleiten werde.

«Wohin?»

«Zu Dr. Chenal.»

Alimata schüttelt den Kopf, sie will längst nicht mehr mit zur Therapiestunde, die Chenals Zentrum aidskranken Kindern anbietet. Ich lasse sie in Ruhe, besuche noch Maeve, die für einmal nicht weint, aber anscheinend trinken will. Ich bringe Wasser, sie nimmt grosse Schlucke, kaum ist der letzte unten, kommt alles in einem Schwall wieder hoch.

«Wie immer», meint die Mutter lakonisch und streichelt der Kleinen über die Stirn. Vis-à-vis von ihr liegt eine Frau, die ich heute zum ersten Mal sehe. Sie heisst Thérèse und ist wunderschön. Offenbar hat man ihr schon als junges Mädchen an Stirn, Händen und Füssen die Zeichen ihres Stammes in die Haut geritzt.

Thérèse erzählt mir, sie sei zweiunddreissig und habe drei Kinder. «Sie sind sechzehn, zwölf und drei Jahre alt. Lotti will mich ins Mütter-Patenschaft-Projekt aufnehmen.»

Ich gratuliere ihr dazu, gehe dann weiter zu Émilie, die von Véronique gerade ihr Nachtessen eingelöffelt bekommt.

Als ich draussen ein lautes Jubeln höre, gehe ich hinaus und sehe, wie die Kinder durch den Hof Richtung Eingangstor stürmen und dort – eins nach dem anderen – durch die Luft gewirbelt werden. YaYa hat zwar gekündigt, weg ist er deswegen aber offenbar nicht. Schön.

Bei Spaghetti und Nierchen erzählt mir Lotti, sie habe für Jean-Baptiste, der ja nun Pfleger sei, eine Nachfolgerin gefunden. Es ist die Frau von Monsieur Grogba, der nach vier Jahren Arbeitslosigkeit die Idee hatte, ein Geschäft als Latrinenputzer zu eröffnen. Der Mann, der kaum sehen und nur noch langsam gehen kann, machte Verträge mit den Familien, die sich eine Latrine teilen, und putzte für ein kleines Entgelt, was niemand putzen wollte. Bei meinem zweiten Besuch brachte ich ihm einen Sack Gummihandschuhe und eine Tüte mit im Flugzeug erbettelten Schlafbrillen mit. Im Sterbespital hatte ich beobachtet, dass das Pflegepersonal solche als Atemschutz beim Windelnwechseln benutzt. Zu der Zeit sah es noch so aus, als florierte seine Idee, er hatte sogar zwei Mitarbeiter. Inzwischen hat niemand mehr

Geld für einen Latrinenputzer, und so ist Monsieur Grogba wieder arbeitslos und seine Frau umso erfreuter, bei Lotti eine Anstellung gefunden zu haben.

Wir beenden den Tag in Lottis Zimmer, wo sie mir auf meine Bitte hin einen ihrer liebsten Texte vorliest:

Ich habe die halbe Nacht nicht geschlafen, erwache früh. Ich gehe ans Meer, setze mich an die Lagune, schaue der Sonne beim Aufgehen zu. Bevor sie meinen Körper wärmen kann, wärmt mir die Schönheit, mit welcher der neue Tag geboren wird, mein Herz. Ich empfinde so tiefen inneren Frieden, dass ich zu weinen beginne. Danke dir, Leben! Danke für meine drei wundervollen Kinder. Danke für meinen Mann, den grosszügigsten Menschen auf Erden. Danke für diesen neuen Tag. Er gibt mir die Kraft und das Vertrauen, das ich brauche, um meine Arbeit zu tun. Ich werde das Licht, das ich hier sehe, in mich aufnehmen und versuchen, es den ganzen Tag in kleinen Portionen in den Slum zu verströmen.

An dieser Stelle unterbricht Lotti, der Geruch, der aus meinem Zimmer und nun in Lottis Zimmer kriecht, schreckt uns beide zeitgleich auf. Ich wage kaum aufzustehen, denn ich weiss sofort, was da so stinkt: verbranntes Plastik. Ich hatte vergessen, dass ich Tee machen wollte. Der Tauchsieder hatte, nachdem das Wasser gründlich verdampft war, den Glaskrug zum Bersten gebracht und brennt nun ein Loch in den aus Plastikschnüren gewobenen Teppich. Der Schreck fährt mir ganz gewaltig in die Glieder. Was, wenn ich mit meiner Fahrlässigkeit den ganzen Slum abgefackelt hätte?

Lotti lacht mich aus: «Du mit deinem hätte, du hast nicht, also beruhige dich.»

«Aber das Loch im Teppich!»

Lotti schaut mich an: «Du meinst doch nicht im Ernst, das sei ein Problem für mich, darf ich jetzt weiterlesen?»

Und also fährt sie fort:

Es geht nicht lange, da setzt sich jemand neben mich. In Afrika ist man niemals alleine. Die Einsamkeit existiert hier nur, wenn man sie sucht, sich zu Hause einschliesst, das Telefonkabel auszieht und sich Ohropax in die Ohren stopft.
Wir sitzen einfach da, irgendwann fragt mich der Mann: «Was tust du hier?»
«Ich geniesse diesen schönen Morgen. Siehst du, was für ein schönes Land du hast? Siehst du die Fischer, die zur Arbeit gehen, hörst du die Vögel, bist du dir dieses Friedens hier bewusst?»
Der Mann sagt: «Ja, es ist schön, aber von dieser Schönheit wird mein Kind nicht gesund.»
«Dein Kind ist krank? Dann bring es zu mir nach Adjouffou ins Ambulatorium. Wir werden es pflegen.»
Der Mann meint: «Entschuldige, aber das geht nicht, ich habe kein Geld.»
«Kein Geld? Das macht nichts. Das Lächeln deines geheilten Kindes wird mir Lohn sein. Die aufgehende Sonne, deren Licht sich hier im Wasser in Milliarden von Sternen spiegelt, siehst du sie? Sie ist meine Anerkennung. Die innere Ruhe, die ich hier verspüre, sie ist der Dank. All das bekomme ich von deinem Land.»
Meine Worte sind etwas viel für ihn, er schaut mich lange nur an. Dann frage ich ihn: «Glaubst du nicht, dass ich jeden Tag nur schon damit reichlich belohnt werde, dass ich aufstehen kann, um euch zu helfen?»

Lotti legt das Blatt zur Seite und sagt: «Er glaubte es mir, er brachte sein Kind, und es wurde gesund, und jetzt: Gute Nacht!»

Freitag, 12. März

Es ist halb fünf Uhr, als es an meine Türe poltert: «Maeve ist gestorben. Ich gehe ins Sterbespital, willst du mitkommen?»

Monsieur Koné, der heute Nachtdienst hat, öffnet uns das Tor, damit Lotti reinfahren kann. Wir sehen Geneviève auf der Bank vor Aimés Häuschen sitzen, in ihren Armen hält sie Maeve, auf deren Gesicht Tränen ihrer Mutter glitzern. Maeve hat die Augen geschlossen, ihr Mund ist leicht geöffnet, sie sieht aus, als würde sie ganz tief schlafen. Lotti setzt sich neben die beiden, legt Genevièves Kopf an ihre Schulter und redet leise auf sie ein, weint mit ihr. Eine Stunde später liegt Maeve frisch gewaschen und in ein weisses Tuch gehüllt in der Leichenhalle. Lotti wird sie im Laufe des Tages abholen lassen, der Vater des Kindes wird alles Weitere organisieren. Geneviève bleibt im Sterbespital. Erstens, weil Lotti ihr ein paar Tage Erholung verschaffen möchte, und zweitens, weil sie sie ins Mütter-Patenschaft-Projekt aufnehmen will. Maeve hatte zwei grössere Geschwister, die sollen nicht auch noch ihre Mutter verlieren.

Um halb sechs mache ich mit Lotti einen kleinen Rundgang durch die Zimmer. Die meisten schlafen. Die Mutter von Dieu-Donné liegt auf einer Matte vor dem Männerzimmer, Alimata heute Nacht in ihrem Bett. Thérèse, die Frau mit den in die Haut eingeritzten Zeichen, ist wach, und auch Émilie empfängt uns mit offenen Augen.

Sie schaut Lotti wie aus weiter Ferne sehr ernst an, fragt dann: «Machst du heute schon so früh Dienst?»

Lotti erklärt, sie sei wegen Maeve hier und mache überhaupt keinen Dienst, sondern besuche sie einfach.

«Schade», meint Émilie daraufhin.

«Warum schade?» «Weil du mich sonst hättest waschen können.»

«Ich habe Zeit, wenn es dir nicht zu früh ist, Émilie, dann machen wir die Morgentoilette jetzt, warum auch nicht?»

Lotti bindet Émilies Hände los und geht hinaus, um einen Eimer Wasser und Tücher zu holen. Ich wage mich vor, wünsche Émilie einen guten Morgen. Sie spitzt ihren Mund gefährlich weit nach vorne, zieht ihn dann wieder zurück und kräuselt die Haut zwischen ihren Augenbrauen. Sie spuckt nicht, sie kontrolliert: «Weisst du noch, wen ich heirate?»

«Ja, Émilie, den Papst.»

Sie nickt zufrieden, sucht mein Gesicht nach einem Zeichen der Ungläubigkeit ab, findet keines und beginnt dann mit ihren Händen an den Windeln zu nesteln. Wo nur Lotti bleibt? Ich nehme Émilies Hände in meine, was mich zwingt, die Distanz zwischen uns zu verkleinern. Mit den Fingern massiere ich ihre Handrücken, rede beschwichtigend auf sie ein, erzähle, ich sei auch verheiratet und hätte zwei Kinder, frage, ob sie Kinder habe, und merke, dass es mir – in der sicheren Erwartung, doch noch angespuckt zu werden – kaum gelingt, mich auf meine Worte zu konzentrieren. Es ist ein Blabla, nichts weiter. Als Lotti wieder hier ist, mache ich ihr Platz, setze mich zu Thérèse aufs Bett und beobachte, wie Lotti in ihrer Tätigkeit versinkt.

Während sie Émilie von Kopf bis Fuss wäscht, dabei weder die Ohren noch die Zehenzwischenräume vergisst, ist sie mit jeder Faser bei Émilie.

«Sag, so gross wie du bist, warst du ein Mannequin?»

Das wisse sie nicht mehr so genau, meint Émilie nun, das habe sie vergessen, aber wenn Mannequins diese Frauen in schönen, teuren Kleidern seien, dann könnte sie tatsächlich ein solches gewesen sein.

«Ich habe», erzählt sie weiter, «ein gutes Leben gehabt, ein verwöhntes. Bin regelmässig zum Coiffeur gegangen und auch zur Pedicure und zur Manicure.»

Als Lotti die Windeln öffnet, wende ich mich ab. Erstens aus Pietät Émilie gegenüber, zweitens, weil ich die Wunde nicht sehen will, von der Lotti mir erzählt hat. Die spitzen Knochen haben sich beim langen und immer gleichen Liegen im Privatspital, wo niemand mehr gewagt hat, sich der Kranken zu nähern, durch die Haut gebohrt und grosse offene Stellen verursacht. Dekubitus im Fachjargon.

Aber das hier ist kein Fachjargon, das ist real. Zu real. Ich gehe hinaus, komme kurz darauf mit einem nassen Tuch zurück, mit dem ich Thérèse' glühendes Gesicht kühlen will. Ich tue es und entdecke, dass Lotti mir durch den Anschauungsunterricht, den sie mir gab, wortlos etwas vermittelt hat. Meine Hand gleitet über Thérèse' Gesicht, als wäre es meines.

Als Émilie in frischen Windeln steckt, pudert Lotti ihren Oberkörper, reinigt mit einem Zahnstocher Émilies Nägel, fragt, ob sie ihr diese lackieren solle. Émilie kräuselt die Haut zwischen ihren Brauen und entscheidet: «Nein. Ich habe Hunger.»

«Gut», lacht Lotti, «inzwischen ist es auch Zeit zum Frühstücken. Hätten Sie es gerne wie immer, Madame?»

«Nein, heute will ich kein Baguette, heute will ich Toast. Und guten Kaffee. Keine Brühe!»

«Ach so? Gut, mit dem Kaffee kann ich dienen, mit dem Toast nicht. Ich werde dir Baguette mit Butter und Konfitüre bringen und einen geschnittenen Apfel, einverstanden?»

Lotti geht raus, ich werfe ein Auge auf Émilies Hände, die diesmal ruhig bleiben.

«So, bitte, Frühstück für die Dame und frischen, guten Kaffee.»

«Keinen Toast?»

«Keinen Toast, Émilie.»

Lotti setzt sich neben Émilie, lobt sie für jeden Bissen, den sie nimmt, macht ihr Komplimente für ihre schönen, noch so gesunden Zähne, die sie ihr nach dem Frühstück putzen wird, und verabschiedet sich schliesslich mit den Worten: «Ich liebe dich, Émilie, und ich brauche dich, vergiss das nicht!»

Lotti hat mir gestern gesagt, sie rechne nicht damit, dass Émilie die nächste Woche überstehe.

Draussen sitzt Dieu-Donné mit den anderen Kindern zusammen schon bei den Duplos, es scheint ihm stündlich besser zu gehen. Alimata schläft noch oder tut so, und Alphonse, der mich – wie jeden Morgen – mit einem «Salut, ça va?» begrüsst, stellt, als ich näher komme, die Lautstärke seines Radios höher, flüstert: «Schön, nicht?»

Es ist Eric Claptons Lied «Wonderful Tonight», in welchem er mit einer unglaublichen Zärtlichkeit besingt, wie sich seine Begleiterin hübsch macht, Make-up auflegt, ihr langes blondes Haar kämmt und dann fragt: «Do I look alright?» Und er ihr versichert: «Ja, du siehst wunderbar aus heute Nacht.» Alphonse möchte, dass ich ihm den Text übersetze, und während ich mein Bestes gebe, Englisch in Französisch zu transferieren, denke ich immer wieder an Émilie. Ich bin sicher, dass sich – genau wie im Lied besungen – alle nach ihr umgedreht haben, wenn sie mit ihrem Mann auf einer Party war.

Lotti hat weder im Ambulatorium noch im Sterbespital auch nur einen einzigen Spiegel hängen.

Als sie ins Ambulatorium geht, um dort Sprechstunde abzuhalten, verziehe ich mich ins Büro. Dort will ich endlich meine Notizen abschreiben. Als jedoch Emanuel, Willy, Christ und Mohamed, frisch geschrubbt und weiss gepudert, im Gänsemarsch ins Zimmer spazieren, ist es mit den guten Vorsätzen auch schon wieder vorbei. Wir gehen alle zusammen hinaus und setzen ein Puzzle zusammen. Nicht lange, und wir sind umringt von Arlette, Alphonse, Dieu-Donné und Ange, die alle mithelfen wollen und das Bild, das langsam entsteht, fasziniert anschauen. Walt Disneys Bambi.

Am Nachmittag holt uns Lotti mit dem Auto ab. Aimé, Bouba, Yusuf und Christ sind schon bereit. Emanuel, Willy und Mohamed sind noch zu jung für die Therapiestunde bei Dr. Chenal. Aus dem Slum kommen noch Christina, Serge und Moussa mit. Alle haben sich in Sonntagsstaat gestürzt. Lotti klappt die Sitzbank im Fond ihres Geländewagens runter, und mit Würgen und Stopfen und indem ich Christ, der sich von seinem Malariaanfall anscheinend erholt hat, auf meinen Schoss nehme, schaffen wir es, alle unterzubringen.

Sieben Kinder. Sieben verschiedene Geschichten. Eine einzige Krankheit.

In Dr. Chenals Zentrum angekommen, gehen wir durch die Gänge in den Hof, setzen uns dort an einen Tisch und warten auf die Psychologin. Henri Chenal kommt auf Lotti zu, strahlt eine Ruhe aus, die mir das erste Mal fast an Trägheit zu grenzen schien. Heute kommt sie mir eher bärbeissig vor. Die Müdigkeit und die Blässe, die ich damals als Desillusion interpretierte – alles ist verschwunden. Es scheint, als habe er neuen Elan. Neue Hoffnung? Dr. Henri Chenal hat früher als Chirurg gearbeitet. Bei einer Operation, die er 1986 durchführte und bei der sich selbst verletzte, infizierte er sich mit dem HI-Virus. Er bittet Lotti, schnell in sein Sprechzimmer zu kommen, er wolle etwas mit ihr besprechen. Mit einem Kopfnicken zu mir hin fordert er mich auf, sie zu begleiten.

Im Sprechzimmer sitzt schon eine Patientin, die ihm die Sprechstundenhilfe offenbar ohne sein Wissen reingesetzt hat. Er entschuldigt sich, sagt, wir sollen uns schon mal setzen, und kümmert sich dann um die Frau. Neben ihr steht ihr Mann, auch er offenbar aidskrank. Dr. Chenal stellt Fragen, kommt dann zum Schluss, dass der gebrochene Lebenswille der Frau, die das Glück hat, in eines seiner Therapieprogramme aufgenommen worden zu sein, sich darin zeigt, dass sie zu wenig isst.

«Was hattest du zum Mittagessen?»

«Nichts.»

«Warum nicht?»

«Ich habe keinen Hunger.»

Nun schaltet sich der Mann ein, er habe, berichtet er, genau das getan, was er, Dr. Chenal, von ihm gewollt habe, nämlich Eier und Erbsen und Fisch gekauft.

«Dann iss! Du musst essen!»

«Ja.»

«Was ja? Machst du einen Effort oder nicht?»

Ich muss im Stillen lächeln. Dieses Wort Effort zeigt, wie ähnlich sich Henri Chenal und Lotti Latrous sind. Lottis Lieblingssatz in der Sprechstunde ist: «Il faut faire un effort!» Man muss halt mal eine Anstrengung machen!

Die Frau sagt wieder: «Ja.»

Der Arzt lässt nicht locker: «Ja? Ich will hören: Aber sicher, Monsieur le docteur, ich werde von ganzem Herzen einen Effort machen. Ich werde nicht nur die Eier und den Fisch und die Erbsen essen, die mein Mann für mich gekauft hat, ich werde auch noch ihn fressen! So will ich das, verstanden?»

Die Frau wiederholt den Satz zwar nicht, aber wenigstens lächelt sie. Kraftlos, aber immerhin.

Nachdem das Ehepaar draussen ist, setzt sich Lotti an Dr. Chenals Schreibtisch, sagt, sie sei ganz Ohr und ob er wolle, dass auch sie irgendjemanden auffresse.

«Dass du zu wenig isst, weiss ich, aber du lässt dir ja nichts sagen. Hör zu, ich habe eine Idee.»

Und dann stellt Dr. Chenal etwas in Aussicht, das Lottis Augen glänzen lässt: «Es kann doch nicht angehen, dass du mit den Frauen, die du ins Mütter-Patenschaft-Projekt aufnimmst, alle paar Tage hierher kommst, um ihre Blutwerte untersuchen zu lassen. Ich werde dir einen Hämatologen und das nötige Labormaterial zur Verfügung stellen. Ich weiss zwar, dass du dann gar nicht mehr aus deinem Slum kommst, aber bitte, das ist es ja wohl, was du willst. Nicht?»

Lotti lächelt: «Ja.»

«Ja?»

«Ja, Monsieur le docteur, ich werde nicht nur den Fisch, ich werde auch meinen neuen Hämatologen verschlingen!»

Die beiden lachen herzlich. Ich bitte Dr. Chenal, mir eine Frage zu beantworten.

«Schiessen Sie los!»

«Wird Schwarzafrika aussterben?»

«Bis ins Jahr 2007 wird die Zahl der Erkrankungen massiv ansteigen, sie wird explodieren, danach, wer weiss?»

«Woher nehmen Sie Ihre Kraft?»

«Kraft? Sie sprechen von Kraft? Das ist keine Kraft, sondern Verrücktheit.»

«Sie bezeichnen sich als verrückt?»

«Ja, ich bin verrückt. Und diese Dame hier», bei diesen Worten nickt er in Lottis Richtung, «die ist nicht nur verrückt, die spinnt. Und zwar komplett!» Und schon ist er wieder draussen.

Bevor wir das Zimmer verlassen, meint Lotti mehr zu sich selbst als zu mir: «Er macht also Ernst.»

«Wie bitte?»

«Er hat immer davon gesprochen, dass er dieses Zentrum in einen Pfeilbogen verwandeln wolle, mit welchem er Pfeile in kleinere Gebiete schiessen könne.»

«Und mit dem dir nun offerierten Labor und dem Hämatologen schiesst er einen ersten Pfeil ab.»

«Du ahnst gar nicht, wie viele Mütter davon profitieren werden.»

«Von ihren Kindern ganz zu schweigen!»

«Unsere» sieben Kinder sitzen, nach Altersgruppen aufgeteilt, schon bei ihren jeweiligen Betreuerinnen und sind dabei, farbiges Papier in Fetzen zu reissen. Da Lotti die nächsten zwei Stunden nutzen und unbedingt Mails beantworten und vor allem eines an Aziz schreiben will, fahren wir ins Internet-Café.

Während sie oben am Computer sitzt, geniesse ich im Restaurant einen frischen Ananassaft – wohlweislich ohne Eis – und denke über den Pfeilbogen nach. Irgendetwas war da noch. Aber was? Plötzlich fällt es mir ein.

Lotti und ich sassen schon einmal hier und redeten über unsere Kinder und dass Kinder nicht zum Lebensinhalt werden dürfen. Wir erinnerten uns dabei an ein Gedicht des Propheten Khalil Gibran und zitierten es. Und dies, wie ich jetzt feststelle – unvollständig!

Ich gehe hinauf, setze mich neben Lotti an einen Computer und suche im Internet nach dem Gedicht. Ich drucke es aus, knicke den unteren Teil des Blattes nach hinten, lege es Lotti auf die Tastatur.

«Das kenne ich», sagt sie, «das haben …»

«Liest du es mir vor?»

«Du wieder mit deinen Ideen!», meint sie und liest dann doch und sogar engagiert vor:

Deine Kinder sind nicht deine Kinder. Sie sind die Söhne und Töchter der Sehnsucht des Lebens nach sich selbst.
Sie kommen durch dich, aber nicht von dir, und obwohl sie bei dir sind, gehören sie dir nicht.
Du kannst ihnen deine Liebe geben, aber nicht deine Gedanken, denn sie haben ihre eigenen Gedanken.
Du kannst ihren Körpern ein Heim geben, aber nicht ihrer Seele, denn ihre Seele wohnt im Haus von morgen, das du nicht besuchen kannst, nicht einmal in deinen Träumen.
Du kannst versuchen, ihnen gleich zu sein, aber versuche nicht, sie dir gleich zu machen. Denn das Leben geht nicht rückwärts und verweilet nicht beim Gestern.

Lotti schaut mich fragend an.

«Und nun, Lotti, falte den unteren Teil nach vorne und lies den Rest.»

Du bist der Bogen, von dem deine Kinder
als lebende Pfeile ausgeschickt werden.
Lass deine Bogenrundung
in der Hand des Schützen Freude bedeuten.

Lotti meint: «Den Schluss hatte ich vergessen.»

«Ich auch. Dr. Chenals Bild mit dem Pfeilbogen hat ihn mir in Erinnerung gerufen.»

«Schön, darf ich es behalten?»

Ich nicke, und Lotti faltet das Blatt, steckt es in ihre Tasche und widmet sich dann wieder ihren E-Mails.

Als wir die Kinder abholen, hat Christ erneut Fieber. Das ist wohl auch der Grund, weshalb er als Einziger keine Bastelarbeit vorzulegen hat. Die anderen sechs präsentieren ihre Werke stolz und freuen sich über unser Lob.

Wieder zu Hause, lege ich mich mit Christ, nachdem dieser seine Malariamedikamente geschluckt hat, in Lottis Büro aufs Bett. Als ich erwache, knurrt mein Magen. Draussen ist es bereits dunkle Nacht. Ich bringe den Kleinen, der nach wie vor schläft und dessen Fieber spürbar gesunken ist, zu Arlettes Kindern. Monsieur Koné richtet mir aus, Lotti sei ins Bett gegangen. In der Küche hole ich mir eine Banane, und als ich zum Tor gehe, komme ich an Alimata vorbei, die heute wieder unter freiem Himmel und funkelnden Sternen nächtigt. Sie ist wach. Ich gehe zu ihr hin, wünsche ihr schöne Träume und erhalte – ein Lächeln!

Samstag, 13. März

Heute um elf Uhr nachts wird mein Flugzeug starten. Mich zurückbringen zu meiner Familie, zu unserem Alltag und unter eine Dusche, die immer Wasser führt. Das Frühstück nehme ich mit Lotti zusammen am Kiosk ein, wo heute ausnahmsweise auch Général de Gaulle am Tresen sitzt. Er begrüsst mich herzlich, schaut mich wissend an, lächelt.

«Du hast die Küken nicht mitgebracht?»

Ich schüttle den Kopf. Was den Général nicht traurig stimmt. Ganz im Gegenteil: «Zum Glück nicht, da bin ich aber froh!»

«Froh? Warum froh?»

De Gaulle schaut mich etwas entgeistert an: «Liest man in der Schweiz keine Zeitungen?»

Jetzt dämmerts mir: «Wegen der Hühnerpest?»

«Genau! Das hätte ja schön ins Auge gehen können, wenn du mir die Viecher diesmal mitgebracht hättest. Es ist mir weit lieber, du bringst sie das nächste Mal, wenn ich bitten darf.»

Meine Einwände wegen Zoll- und Einfuhrbestimmungen kontert der Général mit der Frage: «Willst du mir helfen, oder willst du dich ans Gesetz halten?»

Nach dem Frühstück gehen wir ins Ambulatorium, wo heute eine Ärztin Ultraschalluntersuchungen macht. Das Gerät ist eine Spende der japanischen Botschaft. Die Ärztin arbeitet normalerweise in der Stadt, kommt aber jeden Samstag in den Slum. Sie untersucht nicht in erster Linie Schwangere, sondern Patienten, die an einer Tuberkulose leiden. Sie arbeitet ruhig und konzentriert, misst aus, registriert, redet dabei immer mit den Kranken, fragt, wie sie sich fühlen und wo genau es wehtue.

Als sie fertig ist, erklärt sie mir: «Tuberkulose betrifft vor allem die Lunge, aber sie kann auch auf andere Organe wie Nieren, Leber, Milz, die Knochen und die Hirnhaut übergreifen. Und genau das kontrolliere ich hier. Wir bemerken eine massive Häufung von Tuberkulose-Fällen. Das hat mit der durch das HI-Virus hervorgerufenen Schwächung des Immunsystems zu tun. Tuberkulose hat ihre Ursachen aber auch in schlechter Ernährung und engen Wohnverhältnissen und ist damit eine Krankheit der Armen. Sie wird übrigens durch Bakterien hervorgerufen.»

Nachdem sie das Gerät geputzt und alles wieder versorgt hat, setzt sie abermals zu einer Erklärung an: «Das Heimtückische an Aids ist auch, dass so viele Krankheiten aufs Mal auftauchen können. Nehmen wir an, jemand hat eine Tuberkulose und dazu noch ein Kaposi-Sarkom entwickelt. Bevor wir mit der Tri-Therapie beginnen können, muss die Tuberkulose ausgeheilt werden. Ist es so weit, müssen wir dem Organismus Zeit lassen, sich an die Medikamente gegen Aids zu gewöhnen, erst dann kann die Chemotherapie gegen den Hautkrebs eingesetzt werden.»

«Alles sehr komplex.»

«Alles sehr, sehr komplex.»

Wir setzen uns in den Hof des Ambulatoriums, wo die Ärztin darauf wartet, von ihrem Mann abgeholt zu werden, damit sie nicht zwei Stunden in einem überfüllten Taxi nach Hause fahren muss.

«Es kann dauern, bis er kommt. In Afrika ist man selbst dann nicht pressiert, wenns pressiert.»

Sie erzählt mir, sie arbeite in einem öffentlichen Spital, und auch dort habe man oft kein Wasser und keinen Strom.

«Wir können manchmal nicht röntgen, weil zum Entwickeln frisches Wasser fehlt, und schon gar nicht operieren, weil gebrauchte Instrumente ohne Strom nicht sterilisiert werden können.»

Irgendwie, resümiert sie schliesslich, sei im Moment alles aus dem Lot, sogar das Wetter.

«Das Wetter, warum das Wetter?»

«Eigentlich ist im März die kleine Regenzeit, und von Regen haben wir im Moment nicht die Spur, oder? Kommt dazu, dass letzte Woche der Harmattan wütete, und der kam hier, soweit ich mich erinnere, noch nie im März.»

«Harmattan?»

«Ein Wind, der aus der Wüste kommt und …»

«Ich weiss, es muss schlimm gewesen sein, mein Flugzeug flog deswegen nach Paris zurück.»

In diesem Moment kommt ihr Mann.

«Grüssen Sie Lotti von mir, sie macht wunderbare Arbeit. Ich freue mich sehr, ihr helfen zu können.»

Sie eilt hinaus. Eine fröhliche junge Frau, die von ihrem Privileg, studiert zu haben, etwas weitergibt.

Lotti sitzt in ihrem Sprechzimmer und redet sich den Mund fusselig. Vor ihr sitzt eine Frau, die nichts davon hören will, dass Einläufe, gepfeffert mit Chilisamen, den ganzen Verdauungstrakt mit der Zeit zerstören.

«Meine Mutter hat das schon gemacht, genau wie meine Grossmutter. Warum soll ich das also nicht auch tun?»

«Weil du dir die Darmflora zerstörst und dich der letzten Vitamine beraubst, die dein Körper noch herausfiltern könnte!»

«Das höre ich zum ersten Mal.»

«Das glaube ich dir gerne, aber du wirst es von mir nicht zum letzten Mal hören, ich …»

Lottis Geduld ist unglaublich, wie oft habe ich sie in den letzten Tagen dieses Problem erläutern hören. Die Unsitte, sich mit Einläufen zu säubern, hat ihr schon enorm viel Energie abverlangt. Aber Lotti gibt nicht auf. Dass sie mit ihrer Hartnäckigkeit Erfolg hat, zeigt sich auch im Sterbespital, wo sich neuerdings die Verwandten zu den Sterbenden setzen. Lottis unermüdliches Erklären und Mutmachen und Angstnehmen hat es vielen der Angehörigen ermöglicht, sich ihren Liebsten bis zum Ende zu widmen. Eine Haltung, von der sich bei uns manch einer eine Scheibe abschneiden könnte. Wir verlassen uns auf die Technik, hängen unsere Nächsten an Schläuche, künstliche Lungen und Herz-Kreislauf-Maschinen und bekämpfen damit oft nicht den Tod, sondern das Leben. Nehmen beidem – dem Tod und dem Leben – die Würde.

Abreisen. Packen. Weggehen. Heimgehen. Adieu sagen. Heute! Ich gehe aufs Zimmer, stopfe das Wenige, das ich mitgenommen habe und nicht hier lassen will, in die Tasche.

«Du packst?» Lotti scheint mit der Sprechstunde fertig zu sein.

«Es fällt mir jedes Mal ein bisschen schwerer wegzugehen, wobei ich lügen müsste, wenn ich nicht zugeben würde, wie sehr ich mich auf eine Dusche freue!»

«Das kann ich gut verstehen. Was meinst du, sollen wir die Kinder heute Nachmittag noch zu einem Eis in die Stadt entführen?»

«Hast du Zeit?»

«Ich nehme sie mir.»

Eine Stunde später sitzen die Kleinsten – alle in denselben rot-weiss karierten kurzen Latzhosen – im Auto auf den Knien der Grösseren. Sogar Alimata kommt mit. Zwar nicht freudestrahlend wie die anderen, aber immerhin! Auf unserem Weg in die Stadt wird gesungen, und ab und zu ist es auch ganz still im Wagen. Dann, wenn die Kinder staunen. Über grosse Lastwagen, Polizeiautos, Viehherden, die entlang der Strasse vor sich hin stinken.

Als wir in der Konditorei, die, wie Lotti verspricht, das beste Eis der ganzen Stadt macht, ankommen, stöckelt eine Dame in einem «Pied-de-poule»-Deuxpièces auf Lotti zu.

«Ich habe Sie im Fernsehen gesehen.»

«So?»

«Ich möchte Ihnen gratulieren.»

«Das ist nett, aber nicht nötig.»

«Ich will nicht aufdringlich sein, Madame, aber – darf ich alle einladen?»

«Wenn Sie wollen, gern.»

Die Frau streichelt Emanuel, Christ und Mohamed über den Kopf, geht dann zur Serviererin und sagt, wir seien ihre Gäste. Sie komme in einer halben Stunde zurück, um zu bezahlen. Und da sie offenbar Stammgast ist, glaubt man ihr. Die Kleinen bekommen eine Kugel Vanille, die Grösseren dürfen aussuchen. Da wir draussen sitzen, wird das Eis bald zu Sauce, werden Finger klebrig und Kleider bekleckert. Was solls, der Wonne, die sich in jedem einzelnen Gesicht abzeichnet, tut das keinen Abbruch. Und die Wäscherei neben dem Sterbespital wird sich über die Zusatzarbeit freuen.

Auf dem Nachhauseweg unterhält Arlettes Tochter Osé die ganze Schar. Sie singt, spielt eine vornehme Dame, palavert mit verstellter Stimme drauflos. Lebte sie in Europa, würden ihre Eltern wohl sagen: «Das Mädchen gehört auf eine Schauspielschule!»

Wieder zurück, beginne ich, mich zu verabschieden, und finde Thérèse im Koma vor. Das Mütter-Patenschaft-Projekt kommt auch für sie zu spät. Warum? Warum nur? Ich hole Lotti, die sofort Thérèse' Mann anruft und sich dann an ihr Bett setzt.

Ich flüchte, gehe hinaus, um Alphonse auf Wiedersehen zu sagen. Und Arlette und Jean-Baptiste. Félix und Ange, den beiden Pflegern. Dieu-Donné und seiner Mutter. Wirble Emanuel, Mohamed, Willy und Antoine, Osé und ihren Bruder Hermas durch die Luft. Dann gehe ich zu Christ, der offenbar schon wieder Fieber hat. Aimé schenke ich zum Abschied meinen grossen Dictionnaire und verdrücke mich aus seinem Reich, bevor er sieht, dass mir die Tränen zuvorderst stehen. Bei Alimata bleibe ich länger sitzen, massiere ihre Hände, sage, es sei schön, sie zu kennen.

Zuletzt setze ich mich neben den blinden Felix aufs Bett.

«Goooby?»

«Ja.»

«Du gehst?»

«Ja.»

«Vergiss mich nicht.»

«Nein, Felix, ich vergesse dich nicht.»

Ich nehme ihn in die Arme, erlaube mir, ihm einen Kuss auf die

Stirn zu drücken, und gehe zum Tor. Ich drehe mich noch einmal um, stosse mit einem älteren, sehr kleinen Mann zusammen.

«Madame Lotti?», fragt er.

«Nein, ich bin nicht Madame Lotti, möchten Sie zu Thérèse?»

«Thérèse?»

Offenbar ist es nicht Thérèse' Mann, ich hätte es wissen müssen, er wäre ja auch ein bisschen schnell hier gewesen.

«Warten Sie hier, ich werde Lotti holen.»

Lotti will wissen, weshalb der Mann gekommen sei.

«Ich habe ihn nicht gefragt, irgendwie schien es mir dringend.»

Als Lotti zu ihm hingeht, setze ich mich auf den leer gewordenen Stuhl neben Thérèse, zwinkere Émilie zu, die gerade wach geworden ist, flüstere ein Aufwiedersehen, das sie nicht wahrnimmt.

Durch die offene Tür beobachte ich, wie Lotti mit dem Mann redet, dann mit ihm hinausgeht, sehr aufgeregt zurückkommt und den Rollstuhl verlangt. Félix, der Krankenpfleger, bringt ihn. Gemeinsam gehen sie zum Tor hinaus und kommen kurz darauf mit einer unglaublich dünnen Frau wieder zurück. Dann passiert das, was mich an Krieg erinnert: Die Frau bäumt sich auf, verdreht die Augen, sackt in sich zusammen.

Todkranke Patienten, das hat mir Lotti einmal gesagt, darf man nicht sitzend transportieren, der Blutdruck fällt ab, das Gehirn wird nicht mehr mit Sauerstoff versorgt, der Tod kommt rasend schnell. Lotti erkennt die Situation sofort, schreit: «Wir müssen sie auf den Boden legen, schnell, schneller!»

Véronique, die Krankenpflegerin, kommt angerannt, hilft Lotti und Félix, die Kranke auf den Asphalt zu legen, wo sie sich so weit erholt, dass sie sich erbricht. Ich bleibe sitzen. Wie gelähmt. Die drei tragen die Frau von den Kindern weg zur Seite. Sie entkleiden sie, waschen sie, ziehen ihr Windeln und ein frisches T-Shirt an und bringen sie in ein Bett, das heute Nachmittag frei geworden ist. Frei geworden, nicht etwa, weil die Patientin hätte heimgehen können, sondern weil sie, wie man so schön sagt: «heimgegangen ist». Als Lotti zurückkommt, erkläre ich: «Du wirst hier gebraucht, ich nehme ein Taxi zum Flughafen.»

Lotti will nichts davon wissen, aber sie möchte mich sofort fahren, damit sie bald wieder zurück sein kann.

Fünfundvierzig Minuten später steige ich am Flughafen aus, schaue Lotti nach, wie sie davonbraust. Zurück nach Adjouffou. Zurück in ihre Welt. Zurück in ihr Reich. Zu Hause angekommen, schreibe ich ihr als Allererstes eine Mail.

E-Mails

Von: Gabriella Baumann-von Arx
Datum: 14. März 2004
An: Lotti Latrous
Betreff: Thérèse

Liebe Lotti

Ich bin heil gelandet.
Liess dich ungern allein zurück, ich hoffe, es geht, irgendwie.
Wann ist Thérèse gestorben?

Gabriella

Von: Lotti Latrous
Datum: 18. März 2004
An: Gabriella Baumann-von Arx
Betreff: Re: Thérèse

liebe gabriella

thérèse starb erst gegen die frühen morgenstunden. heute kommen ihre drei kinder im ambulatorium vorbei, um sich testen zu lassen. ihren mann muss ich noch etwas bearbeiten. ich werde ihn damit ködern, dass ich ihn, falls er positiv ist, ins mütter-patenschaft-projekt aufnehme, damit seine kinder nicht beide elternteile verlieren. mal sehen, obs hilft.
kannst du dich daran erinnern, dass yusuf oft gehustet hat? wir haben eine lungen-tuberkulose diagnostiziert. dafür hat christ seine malaria überstanden.

lotti

Von: Gabriella Baumann-von Arx
Datum: 23. März 2004
An: Lotti Latrous
Betreff: Dieu-Donné?

Liebe Lotti

Wünsche Yusuf gute Besserung von mir, es stimmt, er hat gehustet, allerdings nicht so, dass ich mir deswegen Sorgen gemacht hätte. Sag, wie geht es Dieu-Donné, habt ihr ihn getestet?

Gabriella

Von: Lotti Latrous
Datum: 25. März 2004
An: Gabriella Baumann-von Arx
Betreff: Re: Dieu-Donné?

liebe gabriella

dieu-donné ist negativ! die wunde verheilt gut, er hat zugenommen, es geht ihm blendend. aimé lässt dich grüssen und dankt für den grossen dictionnaire, er kann ihn gut gebrauchen. übrigens geht es auch émilie irgendwie besser, wir können jetzt sogar darauf verzichten, ihre hände anzubinden, und gestern wollte sie sogar aufstehen! ich weiss nicht, woher diese frau die kraft nimmt.

lotti

Von: Gabriella Baumann-von Arx
Datum: 27. März 2004
An: Lotti Latrous
Betreff: Krieg?

Liebe Lotti

Die Zeitungslektüre beunruhigt mich sehr, ich zitiere: «Einen Tag nach der blutigen Auflösung einer Demonstration in Abidjan sind Sicherheitskräfte in der Wirtschaftsmetropole von Côte d'Ivoire gegen Anhänger der Opposition vorgegangen. Sporadisch waren am Freitag Schüsse in den weitgehend menschenleeren Strassen zu hören. Bacongo Cisse von der oppositionellen Versammlung der Republikaner erklärte, die Zahl der Toten sei auf 120 gestiegen. Die Angaben konnten zunächst nicht überprüft werden, die Menschenrechtsorganisation Human Rights Watch hatte von mindestens 25 Toten gesprochen.» Wo steckst du?

Gabriella

Von: Lotti Latrous
Datum: 30. März 2004
An: Gabriella Baumann-von Arx
Betreff: Re: Krieg?

liebe gabriella

abidjan ist von panzern umringt, die ganze armee ist im aufmarsch. in allen quartieren sind militärs mit schweren kalaschnikows, es macht richtig angst. alle geschäfte, banken und supermärkte waren und sind zum teil noch geschlossen. ich musste heute raus, um bei dr. chenal medikamente zu holen, die ich dringend benötigte. ich werde mich jetzt wieder ein paar tage verkriechen.
und – alimata ist vor drei tagen gestorben. ihre leber hat versagt.

lotti

Von: Gabriella Baumann-von Arx
Datum: 31. März 2004
An: Lotti Latrous
Betreff: Alimata.

Liebe Lotti

Ich habe mit Alimatas Tod gerechnet, ich bin erschüttert.

Gabriella

Von: Lotti Latrous
Datum: 10. April 2004
An: Gabriella Baumann-von Arx
Betreff: Re: Alimata.

liebe gabriella

die firma, die mir das mütter- und kinderheim finanzieren wollte, hat sich zurückgezogen, die begründung: die unsichere politische situation. schlimmer ist, dass felix gestern gestorben ist.

lotti

Von: Gabriella Baumann-von Arx
Datum: 11. April 2004
An: Lotti Latrous
Betreff: Der blinde Felix?

Liebe Lotti

Felix ist gestorben, der blinde Felix? Sag, dass das nicht wahr ist, Felix ist doch der Einzige, der kein Aids hatte. Er war doch nicht krank, oder? Bitte sag, es sei nicht Felix!

Gabriella

Von: Lotti Latrous
Datum: 13. April 2004
An: Gabriella Baumann-von Arx
Betreff: Re: Der blinde Felix?

liebe gabriella

der blinde felix, doch. er hatte einen ganz schweren malariaanfall und ist ruhig eingeschlafen. eine knappe woche davor feierten wir noch seinen zweiundsechzigsten geburtstag. mit dem geld, das du mir für seine segelschuhe zurückliessest, habe ich ihm ein paar zum geburtstag gekauft. er hat sich riesig gefreut. im ganzen erhielt er drei paar schuhe, offenbar war dies wirklich ein herzenswunsch von ihm. wir machten ihm ein gutes essen und einen geburtstagskuchen mit kerzen, und das ganze zentrum sass zusammen am tisch, und wir haben gesungen. es war sehr, sehr schön. am abend vor seinem tod sagte er mir, er habe hier im zentrum die glücklichste zeit seines lebens verbracht.

lotti

Von: Gabriella Baumann-von Arx
Datum: 16. April 2004
An: Lotti Latrous
Betreff: Es tut weh.

Liebe Lotti

Felix bricht mir im Moment fast das Herz.

Gabriella

Von: Lotti Latrous
Datum: 20. April 2004
An: Gabriella Baumann-von Arx
Betreff: Re: Es tut weh.

liebe gabriella

ich weiss. mir auch. wir haben ein foto von ihm beim lavabo aufgehängt, er wird uns weiterhin begleiten.
wir haben drei neue waisen aufgenommen, und émilie läuft! ich werde sie übermorgen zu dr. chenal bringen!

lotti

Von: Gabriella Baumann-von Arx
Datum: 26. April 2004
An: Lotti Latrous
Betreff: Vorhersehung.

Liebe Lotti

Du glaubst an die Vorhersehung? Ich seit heute auch! Ich habe soeben mit einer hier gut bekannten Firma telefoniert, die dir das Geld für den Bau des Mütter- und Kinderheimes spenden will! Unter einer Bedingung: Anonymität. Ich werde eine Verbindung zwischen euch herstellen.

Gabriella

Von: Lotti Latrous
Datum: 3. Mai 2004
An: Gabriella Baumann-von Arx
Betreff: Re: Vorhersehung.

liebe gabriella

ich fühle mich beschützt, verstehst du das?
émilie hat heute versucht, ihre bettnachbarin umzubringen.

lotti

Von: Gabriella Baumann-von Arx
Datum: 5. Mai 2004
An: Lotti Latrous
Betreff: Wie denn das?

Liebe Lotti

Émilie? Und wie das bitte? Ich bin froh, dass sie es nicht geschafft hat, sonst könnte ich jetzt nicht so herzlich lachen.
Du fühlst dich beschützt, das verstehe ich. Es ist auch so! Aber vergiss du nicht, deine Kranken vor Émilie zu schützen.

Gabriella

Von: Lotti Latrous
Datum: 8. Mai 2004
An: Gabriella Baumann-von Arx
Betreff: Re: Wie denn das?

liebe gabriella

dr. chenal musste auch schallend lachen wegen émilies mordanschlag. wie sie das gemacht hat? nun, sie versuchte sich als krankenschwester und wollte eine bluttransfusion abhängen, die die frau dringendst benötigte. hätten wir es nicht gemerkt, dann ... hätten, hätten! wir haben es gemerkt, also! übrigens macht jean-baptiste seine neue arbeit als pfleger fantastisch.
ibrahim ist gestorben, der mann mit der gürtelrose, den wir in vridi-canal getroffen haben. kurz zuvor starb seine frau. die beiden hinterlassen zwei töchter, neun und zwölf jahre alt. sie sind beide negativ, wenigstens das. kannst du dich an diese frau erinnern, die uns an deinem abreisetag im rollstuhl fast gestorben wäre?

lotti

Von: Gabriella Baumann-von Arx
Datum: 10. Mai 2004
An: Lotti Latrous
Betreff: Aber sicher!

Liebe Lotti

Du fragst, ob ich mich erinnere? Aber sicher erinnere ich mich! Ich habe nie nach ihr gefragt, weil ich zu wissen glaubte, dass sie die Nacht nicht überstehen würde.

Gabriella

Von: Lotti Latrous
Datum: 12. Mai 2004
An: Gabriella Baumann-von Arx
Betreff: Re: Aber sicher!

liebe gabriella

nun, sie hat die nacht überstanden. und die folgenden auch. sie hat zugenommen und steht, da sie zwei kinder hat, bereits im mütter-patenschaft-projekt.

lotti

Von: Gabriella Baumann-von Arx
Datum: 15. Mai 2004
An: Lotti Latrous
Betreff: Unglaublich!

Liebe Lotti

Wie heisst sie?

Gabriella

Von: Lotti Latrous
Datum: 18. Mai 2004
An: Gabriella Baumann-von Arx
Betreff: Re: Unglaublich!

liebe gabriella

mélanie!

lotti

Nachwort

Immer wieder werde ich gefragt, woher ich bloss die Kraft nehme, jeden Tag gegen Windmühlen anzukämpfen. Nun, ich kämpfe nicht mehr gegen etwas, sondern für etwas. Ich kämpfe nicht gegen die Armut, sondern dafür, dass die Reichen den Armen helfen. Nicht gegen den Teufel, sondern für Gott, nicht gegen den Hass, sondern für die Liebe. Nicht gegen Hunger, sondern dafür, dass alle meine Kinder jeden Tag etwas zu essen haben. Nicht dagegen, dass die Kinder zu Waisen werden, sondern dafür, dass ihre Mütter leben! Ich kämpfe jeden Tag für das Leben. Das ist das eine, das andere, das mir unendlich viel Kraft gibt, ist die Erkenntnis, dass der berühmte Tropfen auf einen heissen Stein zum Tropfen in einen Ozean wird, sobald er einen Namen bekommt. Sei es Christ, sei es Emanuel, sei es Émilie. Sei es Mélanie.

Lotti Latrous

Ende Oktober 2004 wurde die «Stiftung Lotti Latrous» gegründet, mehr dazu und zu ihren Projekten finden Sie unter: www.lottilatrous.ch

Das Spendenkonto «Stiftung Lotti Latrous» befindet sich bei der UBS in Genf.

Für die Schweiz:

UBS Genf
PC-Konto: 10-315-8
Kontonummer: 0240-428 654.00E

Für alle anderen Länder:

UBS Genf
Kontonummer: 428 654.00 E
IBAN: CH 44 0024 0240 4286 5400 E
SWIFT (BIC) UBSWCHZH80A

Lotti Latrous: Band 1

Gabriella Baumann-von Arx hat Lotti Latrous in Adjouffou, einem Slum in Abidjan, besucht, hat sie bei ihrer Arbeit im Sterbespital für Aidskranke begleitet und sich ihre Lebensgeschichte erzählen lassen. Entstanden ist nicht bloss das Porträt einer faszinierenden Frau, sondern auch jenes von Noëlle, die ihren Sohn Emanuel im Gefängnis gebären musste. Jenes von Aïcha, die sich, um zu überleben, schon mit dreizehn prostituierte, jenes von Monsieur Konaté, der Nacht für Nacht vierzig todkranke Aidspatienten betreut und – wie so viele andere in Afrika auch – Analphabet ist. «Lotti, La Blanche» beschreibt das Leben einer Frau, die der Hoffnungslosigkeit im gebeutelten Schwarzafrika jeden Tag aufs Neue die Stirn bietet und dabei ihren Humor nicht verloren hat.

Gabriella Baumann-von Arx
Lotti, La Blanche
231 Seiten, zahlreiche farbige Fotos, 15 x 21 cm,
gebunden mit Schutzumschlag, ISBN 3-85932-461-6

WERDVERLAG
www.werdverlag.ch